Couverture inférieure manquante

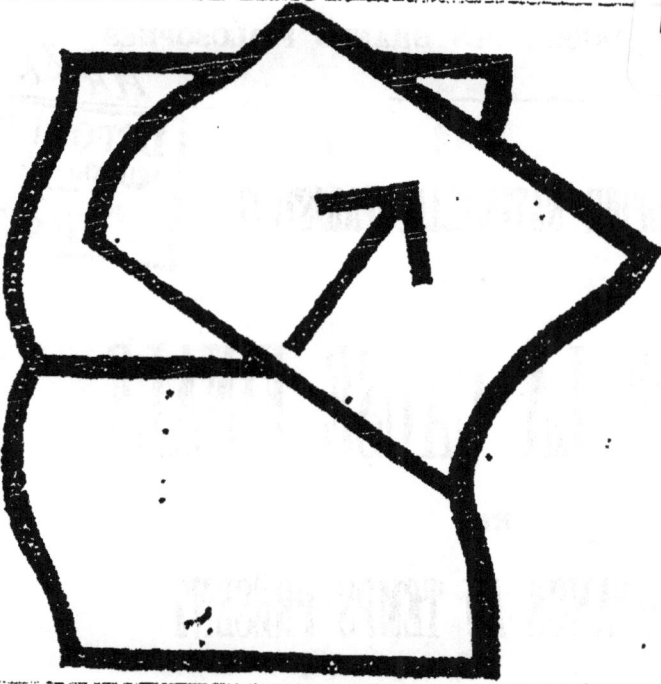

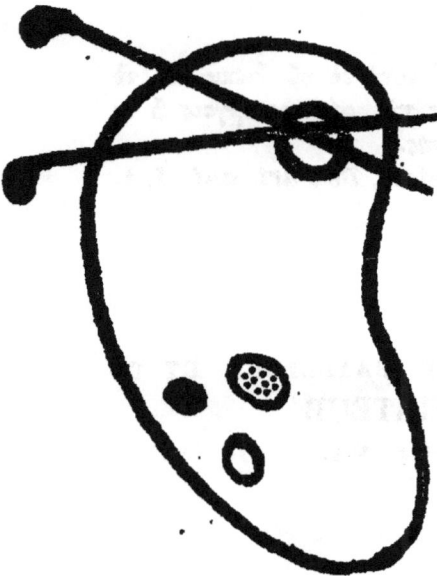

Original en couleur

NF Z 43-120-8

PHILOSOPHIE NATURELLE D'ARISTOTE

ÉTUDE DE LA CAUSE FINALE

ET

SON IMPORTANCE AU TEMPS PRÉSENT

PAR

Nicolas KAUFMANN

Professeur de Philosophie au Lycée de Lucerne
Président de l'Académie de Saint-Thomas

Traduit de l'Allemand par A.-Fr. DEIBER

> μᾶλλον δ' ἐστὶ τὸ οὗ ἕνεκα καὶ τὸ
> καλὸν ἐν τοῖς τῆς φύσεως ἔργοις ἢ ἐν
> τοῖς τῆς τέχνης.
>
> Aristote, *De Part. ani.*, I, 1.

PARIS
ANCIENNE LIBRAIRIE GERMER BAILLIÈRE ET Cⁱᵉ
FÉLIX ALCAN, ÉDITEUR
108, BOULEVARD SAINT-GERMAIN, 108

1898

ÉTUDE DE LA CAUSE FINALE

ET

SON IMPORTANCE AU TEMPS PRÉSENT

COLLECTION HISTORIQUE DES GRANDS PHILOSOPHES

PHILOSOPHIE NATURELLE D'ARISTOTE

ÉTUDE DE LA CAUSE FINALE

ET

SON IMPORTANCE AU TEMPS PRÉSENT

PAR

Nicolas KAUFMANN

Professeur de Philosophie au Lycée de Lucerne
Président de l'Académie de Saint-Thomas

Traduit de l'Allemand par A.-Fr. DEIBER

μᾶλλον δ' ἐστὶ τὸ οὗ ἕνεκα καὶ τὸ
καλὸν ἐν τοῖς τῆς φύσεως ἔργοις ἢ ἐν
τοῖς τῆς τέχνης.

Aristote, *De Part. ani.*, I, 1.

PARIS

ANCIENNE LIBRAIRIE GERMER BAILLIÈRE ET Cⁱᵉ

FÉLIX ALCAN, ÉDITEUR

108, BOULEVARD SAINT-GERMAIN, 108

1898

PRÉFACE DU TRADUCTEUR

De nos jours encore, il y a en France des gens à qui s'appliquent les mots du poète :

Ardor inexpertum nil sinit esse meus (1).

C'est à eux que nous offrons cette traduction.

Au milieu même du bruit que provoquent les frivolités mondaines de notre société et du tumulte des affaires, ils savent se créer une solitude, et de là contempler le monde physique et moral, si grandiose et si intéressant vu de haut et de loin. Une irrésistible ardeur les entraîne à chercher l'explication des mystères de l'univers. Mais que de difficultés à vaincre ! Ils ont vu passer bien des systèmes plus ou moins infructueux. Peut-être ont-ils tenté eux-mêmes une conception du pourquoi des choses, et essayé de ramener à l'unité tous les morceaux disparates que se dispute chaque science comme sa propre proie. Ils ont été arrêtés devant ces lambeaux, car, au dire de l'empirisme, nous ne tenons que des lambeaux. Quand nous les voulons réunir, nous n'en formons qu'un tissu troué de lacunes énormes. S'il existait, du moins,

(1) Ovide, *Héroïd.* ep. 20.

une vérité *à priori*, à laquelle puissent se rattacher tous ces lambeaux ; une vérité, qui soit comme le cadre où ils aient déjà leur place déterminée ! Bien que la finesse de la trame qui les relie nous échappe ou que l'enchevêtrement des fibres nous déroute, nous aurions du moins une philosophie grande et large. Ses frontières aux horizons vastes, mais toujours dans les bornes de la vérité, nous permettraient de courir en tous sens, sans crainte de nous égarer. Sauf quelques erreurs de détail, quelques surprises passagères, faciles à découvrir du reste, nos pas seraient assurés. Ce serait la « science idéale (1) ». M. Berthelot le reconnaît, plus la certitude qu'il ne lui reconnaît pas. N'y a-t-il pas quelque chance pour que cette science idéale et certaine existe ? Parmi les génies qui, à différentes époques, ont sondé les profondeurs de la vérité, n'en trouvons-nous pas qui aient réalisé cette tentative désespérante, et élevé une doctrine aux capacités d'adaptations immenses ? Nous le croyons ! Et le renouveau donné aux études de saint Thomas et d'Aristote nous en est un gage. On soupçonne pouvoir rencontrer chez eux ce en quoi d'autres ont failli. Hâtons-nous de le dire, puisque le vent est à « la banqueroute de la science », il n'a pas soufflé sur eux. Leur mise de fonds a répondu jusqu'ici aux exigences des progrès scientifiques. C'est une garantie pour l'avenir.

Aristote, il s'agit de lui pour le moment, a tenté cette synthèse. Il a pris les membres épars que lui

_____

(1) *Revue des Deux-Mondes,* 15 nov. 1863.

présentaient les sciences positives de son temps,
il les a groupés autour de principes premiers et
certains. On aura beau faire, toujours les plus
revêches à ces principes seront obligés d'admettre
comme indubitables quelques postulats. Dans les
sciences comme dans la démonstration il faut arriver à une première évidence indémontrable en
elle même, et principe de démonstration des autres.
Herbert Spencer, cet autre généralisateur qui a
essayé avec moins de succès à construire un édifice analogue à celui du Stagirite, le confesse.
« De toute nécessité l'explication doit nous mettre
en face de l'inexplicable. Nous devons donc
admettre une donnée qui ne peut-être expliquée (1). » Aidé de ces données, et des résultats
légitimes obtenus par une déduction rationnelle,
Aristote a contemplé la nature. Il l'a éclairée de
toute l'intensité lumineuse de leurs rayons. C'est
ainsi qu'il a trouvé la vérité indéniable autour de
laquelle les choses gravitent et délimité le cadre
qui les embrasse. Il a fondé sur elle une théorie du
développement et de l'évolution des êtres, qu'il a
vérifiée, et qui se vérifie encore dans les divers
ordres de choses. L'expérience ne l'a pas démentie.
Cette vérité c'est la cause finale, la cause intentionnelle, la première de toutes les causes. « *Potis-
sima est inter alias causas*, dit saint Thomas (2). *Est
enim causa finalis aliarum causarum causa.* » C'est
l'objet de cette étude.

(1) Herbert Spencer, *Essays Mill versus Hamilton.*
(2) II *Phys.*, lect. V.

Déjà, sans doute, on a tenté de l'exposer ; chaque histoire de la philosophie en donne les principes fondamentaux, surtout celle de Zeller, dans la partie qui traite des philosophes grecs (1). Mais, après tout, ce n'est jamais qu'un examen court et succinct, n'embrassant que quelques pages dans ce genre d'ouvrages. Quelquefois même on n'en parle qu'à titre de simple mémoire, car les paroles de Bacon ont fait fortune : « La recherche des causes finales est stérile (2) », et la sévérité de Descartes pour l'école d'Aristote a eu son influence décisive sur l'Esprit moderne. Et pourtant il serait bon de savoir que cet Esprit n'a fait que reprendre absolument la trace et les exemples du Stagirite. Si celui-ci a tenu une grande place dans l'histoire de la pensée humaine, on peut dire qu'aujourd'hui encore il en est l'un des maîtres. « Il semble même, « constate M. Boutroux, que l'aristotélisme réponde « particulièrement aux préoccupations de notre « époque. Les deux doctrines qui tiennent aujour- « d'hui la plus grande place dans le monde philoso- « phique sont l'idéalisme kantien et l'évolutionisme. « Or, le système d'Aristote peut être mis sans « désavantage en face de ces deux systèmes (3). »

Nous pensons même qu'il les surpasse, qu'il est de nature à rendre plus de service qu'aucun autre à la philosophie expérimentale et progressive. Or,

(1) Zeller, *Histoire de la Philosophie*, II, 2.
(2) Fr. Bacon, *De augmentis scientiarum*, lib. III, c. v.
(3) Boutroux, *Études d'histoire de la Philosophie*, Aristote ; chez Alcan, 1897.

c'est pour le faire connaître que l'auteur a entrepris
ce travail, car l'idée du but est la pensée fondamentale de l'œuvre du philosophe. Il a recherché
dans ses livres tout ce qui touche à la finalité pour
en faire un traité d'ensemble qui expose sa pensée
telle qu'elle gît dans le cours de ses ouvrages ; qui
la prenne à son point de départ et à l'origine de sa
conception ; qui la suive dans son développement
à travers la série des choses jusqu'à l'Etre en soi, en
qui s'incarne et se résume la finalité elle-même.

C'est une monographie complète de la téléologie
d'Aristote, la seule qui existe, à notre connaissance. Paul Janet, dans son traité : « Les Causes
finales (1) », soulève sans doute les mêmes questions, répond aux mêmes difficultés, mais c'est un
traité personnel dans lequel il livre sa propre pensée, et où il aboutit à des solutions différentes de
celles d'Aristote. Ici, encore une fois, nous avons
la pensée exacte du philosophe, pensée mise au
point des découvertes modernes, lesquelles en font
ressortir toute la grandeur et toute l'importance.

« La philosophie chrétienne, écrivait à ce propos
le docteur Schneid, a, de nos jours, à soutenir
un dur combat contre les doctrines mécaniques sur
la nature et sur l'univers. Elle ne sera victorieuse,
si jamais elle l'est, qu'en faisant accepter de
nouveau la finalité (l'idée du but). Or, dans cette
lutte, elle ne saurait appeler à son aide un plus
puissant allié que le Stagirite, dont toute la philosophie naturelle, dont toute l'œuvre, on peut bien

_____

(1) Paul Janet, *Les Causes finales* ; 1 vol. in-8°, chez Alcan.

l'affirmer, est réglé par l'idée de la fin. C'est le
mérite de l'auteur de ce livre, l'un des plus zélés
tenants de la philosophie péripatéticienne et scolastique, d'avoir cherché à faire valoir l'importance
de l'enseignement d'Aristote sur la cause finale, pour
la science naturelle.... Aristote, il est vrai, a traité
de la fin dans la plupart de ses écrits, mais, nulle
part, il ne nous donne un enseignement d'ensemble.

« Le mérite de l'auteur est donc d'avoir réuni et
fondu les éléments dispersés, ce qui n'avait
jusqu'ici été fait par personne avec l'ampleur
d'exposition qu'il y apporte. »

Nous n'avons pas à en faire l'éloge. De nombreuses revues y ont pourvu, tant en France
qu'à l'étranger. Citons seulement pour mémoire
la *Revue Thomiste* (mai 1894). Elle exprimait un
désir. C'est « qu'une traduction française de
cet important ouvrage vienne bientôt fournir
une contribution aussi savante qu'opportune à
la renaissance des doctrines péripatéticiennes
de notre pays ». Cette traduction la voici. Puisse-
t-elle répondre à ce désir, et aider à la diffu-
sion de la doctrine aristotélico-thomiste !

Nous nous sommes appliqué dans cette version
à serrer le texte autant que possible ; à rendre
toute la pensée de l'auteur et sa manière de la
concevoir. Qu'on nous pardonne si cette méthode
a alourdi notre langue, de soi si claire et si lim-
pide. La forme y a perdu, peut-être l'exactitude et
la précision y ont-ils gagné ? du moins nous
l'espérons.

A. DEIBER, O. P.

INTRODUCTION

———

A l'École polytechnique de la Confédération suisse à Zurich, nous apercevons, sur le camaïeu qui en décore la façade nord, l'image du Stagirite, le grand Aristote. Elle est placée au-dessous de celles des plus grands naturalistes et physiciens de tous les temps, même de nos temps modernes. Et comment Aristote a-t-il pu prendre rang parmi les plus illustres penseurs de notre temps ? Aristote qui n'a pas connu le merveilleux essor de la philosophie empirique, lui, à qui le microscope n'a pu dévoiler les mystères de la vie dans ses parties les plus ténues et les plus intimes, ni le télescope, les magnificences du monde astronomique, lui, en un mot, qui vécut deux mille ans avant l'efflorescence des recherches scientifiques de notre dix-neuvième siècle ? Eh bien ! oui, Aristote a droit à cette place d'honneur. Les moyens à la disposition du Père de l'histoire naturelle étaient, à la vérité, bien imparfaits, aussi est-il d'autant plus admirable de constater tout ce qu'il a exécuté de recherches dans le domaine de l'expérience et des phénomènes, uniquement au point de vue scientifique. Son *Histoire des animaux*, par exemple, nous est témoin des véritables et étonnants résultats de ses

observations détaillées. Un autre grand mérite lui
revient encore. C'est son invention de la méthode
inductive. Il lui donna des bases inébranlables. Sa
théorie de la connaissance, à l'instar de celle de
Socrate, a son point de départ dans la perception
sensible. Appuyée sur ce fondement, notre intelligence s'élève, et atteint jusqu'aux conceptions les
plus hautes, sur l'essence et le principe des choses.
Fidèle à ce principe, Aristote, dans ses écrits sur
la nature, insiste toujours sur la valeur de l'observation et l'examen des faits. Si donc il est bien
établi que la méthode inductive, portée à une
plus ample perfection, favorise surtout les nouveaux progrès de la philosophie à notre époque
(comme le ferait, par exemple, l'usage d'un instrument d'observation inconnu auparavant), encore
un coup, Aristote n'aura-t-il pas contribué pour
une part importante aux recherches faites dans le
domaine de la nature. C'est sa philosophie naturelle surtout qui nous révèle l'importance de la
doctrine péripatéticienne. Le plus grand triomphe
de la science humaine n'est point de rester immobile à l'entour de quelques faits, car si importante
que puisse être leur observation, nous n'avons là
qu'un travail préparatoire. C'est dans le classement
de ces faits sous des idées plus élevées que
consiste l'essor de l'esprit humain, pour nous
conduire à la connaissance de l'essence la plus
intime et des principes derniers de la nature. Or,
c'est par là précisément que domine Aristote. Il a
connu, par la puissance de son génie, l'essence
des choses, à l'aide des faits et des phénomènes

habituels ; et il a su en faire valoir tous les détails, pour élever ensuite toute une synthèse philosophique.

Depuis Aristote, les sciences naturelles ont, en toute vérité et surtout dans notre siècle, avancé à pas de géant, mais au point de vue de l'expérimentation seulement. Un semblable progrès serait aussi à souhaiter pour la philosophie de la nature elle-même. Dans l'univers, les substances premières sont indépendantes les unes des autres ; cependant toutes ont un enchaînement intime entre elles. Elles sont unies par des lois synthétiques qui manifestent leur unité dans leur multiplicité. La science, elle aussi, doit relier les résultats de ses observations particulières, et les ramener à l'unité par une vue d'ensemble. Or, pour relever un tel édifice, nous voudrions faire appel à Aristote. De plus en plus, il est apprécié dans les temps actuels. D'ailleurs les études thomistes, dans leur nouvel élan, ont besoin de son appui. Aristote n'est-il pas pour saint Thomas une garantie sûre, dans les questions de philosophie? Il l'appelle *Philosophus* (le philosophe par excellence).

Ces mots *Philosophus dicit* se retrouvent, maintes et maintes fois, dans ses œuvres. Par conséquent, pour entrer plus avant dans la doctrine de saint Thomas, il faut connaître celle de son maître. Dans ces dix dernières années déjà, de 1873 à 1883, l'étude d'Aristote, indépendamment de celle de saint Thomas, a pris un nouvel essor. Sans vouloir apprécier ce qui a été fait en d'autres pays, en

France, par exemple, par M. Barthélemy Saint-Hilaire, nous noterons seulement ce qui s'est fait en Allemagne. L'Académie de Philosophie de Berlin s'est distinguée, en particulier, par une édition critique de toutes les œuvres d'Aristote. Et parmi un grand nombre d'hommes bien méritants à ce point de vue, citons, pour mémoire, Hertling, Brentano, Eucken, Trendeleburg. A ce dernier surtout, éminent professeur de philosophie à Berlin, revient l'honneur d'avoir, plus qu'aucun autre, provoqué, de nos jours, l'étude du Stagirite.

Le professeur Eucken, dont nous venons de parler, exprime ainsi son contentement : « Tandis que le siècle précédent n'accordait à quelques écrits du grand philosophe qu'une influence tout ordinaire, tandis que même un homme comme Kant ne pouvait se dégager de la mésintelligence d'un point capital de la doctrine péripatéticienne, notre siècle au contraire, à son éveil, s'est repris d'intérêt pour toute l'œuvre du philosophe. Depuis, son étude s'est continuée et s'est accrue à un tel point, qu'elle est entrée au premier plan du mouvement philosophique. Bien en dehors de l'étroite enceinte de quelques écoles, beaucoup d'hommes éminents se soustraient aux directions étrangères et sont attirés et fortement captivés par le vieux penseur. Oui, alors que les écoles indépendantes se divisaient en systèmes opposés et inaccessibles, et que les peuples eux-mêmes, par leur culture diverse, se prêtaient de plus en plus à leur scission, Aristote offrit un champ sur lequel les partisans de tout système et de toute nationalité pussent unir leur activité pour une œuvre commune et profitable. Ainsi le réveil et l'efflorescence des idées péripatéticiennes sont la caractéristique de la philosophie actuelle. » Ce sont là les paroles de son rapport paru à Berlin en 1872 « sur l'importance de la philosophie aristotélicienne au temps présent (1) ». Dans le développement suivant, il offre un aperçu de l'importance de cette philosophie à notre époque. D'un côté Aristote fut un observateur de détails ; les choses les plus insignifiantes ont pour lui une valeur réelle dans la nature. D'un autre côté, en vrai philosophe qu'il était, il a unifié en un harmonieux ensemble, par la toute-puissance de son génie, toutes les connaissances particulières qu'il avait acquises. Aussi Eucken remarque-t-il à ce propos qu'aujourd'hui les sciences spéciales, souvent, s'entravent mutuellement ; elles s'opposent mille objections ; un lien d'unité leur fait défaut. C'est là le péril des points de vue restreints. L'exemple d'Aristote peut donc nous être un élément de solution utile. Ainsi il fait ressortir une pensée capitale, savoir : l'importance d'Aristote pour le relèvement de la philosophie naturelle de nos jours.

Il ne démontre cette importance que dans une ébauche rapide. Nous, nous voudrions ici urger sur un point spécial qui n'a pas été mis en lumière. Nous nous demandons en effet : Quel est

(1) Discours d'ouverture académique, prononcé le 21 nov. 1871 par le Dr Rudolf Eucken, professeur ordinaire de philosophie à l'Université de Bâle, pages 5 et 6.

le caractère propre de la philosophie naturelle
d'Aristote? Comment le Stagirite embrasse-t-il
toutes les connaissances de détails sous un point
de vue plus élevé et plus universel? Comment
a-t-il pu obtenir une philosophie une et ordonnée?
D'un mot nous répondons à cette question : La
philosophie naturelle d'Aristote est une téléologie.
Tout est ordonné à une fin, c'est sa constante
pensée. Cette idée domine toute sa philosophie
Métaphysique, Physique, Psychologie, Zoologie,
Ethique, Politique.

Considérons la science de la nature. Nous la
voyons de nos jours partagée en deux camps. D'un
côté, les tenants du pur mécanisme ; ils n'acceptent
que des causes matérielles et motrices, et rejettent
toute intervention de la cause finale. De l'autre, les
défenseurs du téléologisme; ils insistent sur la
cause finale, sans toutefois ignorer les causes matérielles et motrices. Mais, tandis que la conception
mécaniste exclut tout dans la nature organique,
sauf le résultat du travail, ou ne perçoit qu'une
aveugle nécessité, le système de la cause finale
établit une conception plus idéale et reconnaît,
dans l'ordre de l'univers, un but, la manifestation
d'un esprit supérieur (1). Dans ces questions plus
brûlantes de nos jours que jadis, ou mieux, dans
ces « questions passionnées » nous voudrions que
l'esprit du Stagirite nous servît d'arbitre. Aristote,
avec la puissance de son génie, a vigoureusement

_____

(1) Voyez plus loin, à la conclusion, le développement de
cette idée.

critiqué les systèmes philosophiques qui l'ont pré
cédé, celui de Socrate et surtout celui de Démocrite.
Il a reconnu dans le rejet de la cause finale le
fondement de l'erreur de leur interprétation pure
ment et exclusivement mécanique. Or, à notre
époque, se fait sentir, par un certain côté, un
retour à une doctrine purement mécanique, soit
celle de Socrate, soit celle de Démocrite. Adres-
sons-nous donc à lui, et appelons la critique de
jadis à notre aide. On ne veut plus, de nos jours,
reconnaître au principe final sa valeur. Opposons
la doctrine d'Aristote. Pour lui, les causes matérielles et motrices seules sont insuffisantes ; aussi,
appuyé par les faits, basé sur un procédé judicieux,
il établit sa doctrine de la cause finale. C'est la
défense de cette doctrine, d'après les principes
mêmes établis par Aristote, que nous nous sommes
proposé d'exposer ici.

Passons à la division de notre traité. Il a deux
parties. Dans la première, nous donnons un aperçu
général sur la philosophie naturelle du Stagirite,
sur sa méthode et sur les critiques adressées à ses
devanciers. Dans la deuxième partie, nous entrons
dans notre thèse principale, l'exposition de la
doctrine péripatéticienne sur la cause finale. Là,
nous développerons les principes métaphysiques
que le penseur grec établit relativement au deve
nir dans la nature, à ses causes, et surtout à
la cause finale. Après, nous indiquerons com
ment Aristote poursuit sa doctrine dans les
différents rameaux de sa philosophie : comment
la finalité immanente évolue, surtout dans les

substances premières, spécialement dans les êtres organisés, les animaux et l'homme ; comment tout enfin dans l'univers est ordonné à une finalité relative, puis à une fin transcendante et supérieure que nous nommons Dieu. .

Nous avons voulu, autant que cela nous était possible, faire un traité d'ensemble de la doctrine d'Aristote. Nous offrons aujourd'hui la pensée du philosophe puisée aux sources mêmes, et recueillie au cours de notre étude. C'est un traité original ; mais nous ne prétendons nullement que ce soit une œuvre parfaite à laquelle rien ne manque. L'on sait, quand l'on est entré un peu avant dans l'étude du philosophe, que des difficultés de toutes sortes surgissent à chaque pas. Pour notre thèse, en particulier, elles s'accumulent. En effet, en aucun de ses ouvrages, nous ne trouvons un enseignement complet et définitif. Ce qui touche à la finalité est épars de ci de là, dans ses Métaphysiques, dans ses Physiques, dans ses Écrits de psychologie et de science naturelle, voire même dans ses Éthiques et ses Politiques. Il faut rassembler péniblement ces passages. Toutefois il serait insuffisant de les entasser et de les accoler l'un à l'autre, mais ils doivent être ordonnés selon la pensée même d'Aristote, le point de vue spécial où il s'est placé, et former un tout organisé. Or il est évident que cela demande de grands efforts (1). Que l'on veuille

(1) Aussi Schneider a-t-il éprouvé ces mêmes difficultés. Il le remarque dans la préface de l'ouvrage mentionné ci-dessus : « At hæc quæstio, tot tantisque et philologicis et philo-

donc juger en connaissance de cause où nous en sommes parvenu dans l'accomplissement de notre tâche.

Ce que nous avons désiré, c'est de contribuer, pour notre part, à l'influence salutaire que doit exercer le rétablissement, parmi nous, du système philosophique d'Aristote ; c'est de rendre service à la philosophie expérimentale et progressive, car il porte en lui le remède nécessaire à la philosophie de notre temps, surtout à la philosophie naturelle.

Nous relevons, en lui donnant notre adhésion, l'excellente remarque que formule Trendeleburg dans la préface de la seconde édition de son *Logis-chen Untersuchungen* (1). Les Allemands doivent abandonner leur préoccupation pour la philosophie de l'avenir : Trouver un nouveau principe. Le principe est trouvé. Il réside dans l'observation du monde organisé, il est basé sur Platon et Aristote, il s'est perpétué depuis eux, et, par une intuition plus profonde de son concept fondamental, il doit, dans une action réciproque avec la science réelle, se développer et se perfectionner de plus en plus.

sophicis obstructa est difficultatibus, ut expediendis iis ac removendis juvenis vix par esse possit. Itaque sperare licet homines doctos in hoc libro judicando ad ignoscendum futuros esse faciliores. »

(1) *Recherches logiques.*

PREMIÈRE PARTIE

Examen général de la Philosophie de la Nature

CHAPITRE PREMIER

Aristote et sa Méthode

La doctrine d'Aristote sur la cause finale est l'âme de toute sa philosophie.

Nous ne pouvons ici étudier à part chacune des *quatre causes*, mais une étude d'ensemble nous en paraît nécessaire.

Nous désignons la philosophie d'Aristote, qui traite de la nature, du nom générique de Philosophie naturelle. Le Stagirite, nous le savons, distingue entre Philosophie première et Physique (1). Par philosophie première, il entend les recherches générales sur l'Être et ses quatre premiers principes : ce qu'un éditeur a ensuite nommé la Métaphysique. Souvent aussi, il l'appelle Théologie, θεολογικ, parce qu'elle s'occupe spécialement

(1) Voyez *Métaphysique* VI, 1-XI, 1, etc.

du premier moteur immobile. La physique a pour
objet la mobilité ; les écrits spéciaux sur la science
de la nature ont pour objet les parties spéciales de
l'être mobile. Ses recherches sur la nature et les diverses parties ont les quatre causes pour fondement.
Il les a déterminées dans ses *Métaphysiques* ; mais
ses écrits sur la philosophie purement naturelle sont
parsemés de nombreuses remarques qui, sans
cesse, rappellent les discussions des métaphysiques (1). Ainsi, il existe chez Aristote une liaison
intime entre la science positive et la philosophie ;
car si les Métaphysiques traitent d'un premier
moteur immobile, les Physiques ne peuvent le
passer sous silence. Comment, en effet, comprendre
le premier moteur, sans connaître ses rapports
avec le mobile, avec la nature ? Donc, nous
appelons « philosophie naturelle » la doctrine
entière d'Aristote sur la nature. — Mais voici la
question : Quels sont les principes d'Aristote
sur la connaissance de la nature? Pouvons-nous
pénétrer l'essence des êtres, reconnaître les dernières assises de la nature et de quelle façon ?

Sans contredit, un grand mérite du philosophe
est d'avoir, à l'encontre de Platon, fondé la possibilité d'une connaissance scientifique de la nature.

(1) Partout dans sa philosophie naturelle Aristote applique
ses principes généraux aux cas particuliers, et là il fait
usage de la méthode déductive, ainsi que le remarque fort
bien Blese (*loc. cit.*). Mais comme on lui objecte fréquemment l'emploi unique de la déduction, nous montrerons au
chapitre suivant comment Aristote avait parfaite connaissance de la méthode inductive et savait en user.

D'après ce dernier, il nous est impossible d'avoir une connaissance véritable du monde et des choses visibles. Il admet, en dehors de cet univers visible, un monde d'idées immuables, desquelles seules il nous est donné d'avoir une certitude scientifique comme de l'être réel. La philosophie reproche à la doctrine de Platon de rendre impossible toute connaissance approfondie du monde des phénomènes. C'est ainsi que nous l'entendons (1). Aristote, au contraire, enseigne que les formes, c'est-à-dire les idées, ne sont nullement séparées de notre monde visible, mais immanentes aux substances. Pour lui, l'objet de toute connaissance véritable réside non en dehors du monde des phénomènes, mais en lui. De cette manière il justifie pleinement cette proposition : il y a une science certaine et vraie du monde visible et de la nature. Mais comment percevrons-nous l'objet réel de la science, l'essence des choses et sa distinction d'avec les simples phénomènes ? Par l'idée, idée exprimée par la définition ; car elle s'étend jusqu'à la substance οὐσία, jusqu'à l'essence. Sur ce point, le philosophe se rattache à l'enseignement de Socrate, savoir : Il n'y a de science véritable que des idées universelles ; et avec lui, il s'arrête là. Platon, au contraire, a outrepassé la pensée de Socrate. Il place les idées universelles à côté des choses sensibles, ce qu'Aristote combat perpétuellement dans ses Métaphysiques.

(1) Voir plus loin.

Mais comment, encore une fois, parvenir à cette connaissance essentielle, c'est-à-dire à la définition de l'idée? — Par la méthode inductive. C'est à Socrate, d'après le Stagirite, que revient l'honneur de l'avoir inventée. Il n'a fait que se l'approprier. Notre connaissance, d'après lui, part des sens et de l'expérience. Elle s'élève ensuite par la réflexion et l'abstraction aux idées générales et aux vérités universelles. De cet enseignement retenons une chose, c'est l'union de l'empirisme et de l'idéalisme. Nous partons du sensible, et nos connaissances supérieures dépendent des sens. Cependant, nous ne demeurons pas immobiles auprès du sensible, nous marchons vers une connaissance plus élevée et plus idéale. Cette doctrine est fondée sur cette saine anthropologie qui considère l'homme comme un être un, composé de matière et d'esprit, de corps et d'âme, forme substantielle du corps (1). Notons encore, à propos de cette méthode inductive, la communauté de vues existant entre le Stagirite et la science positive moderne, qui prise si haut l'induction et l'étude des faits.

Aristote donc accorde une grande valeur à l'expérience, c'est-à-dire à l'étude des faits. Les passages suivants vont nous le démontrer amplement. Dès le commencement de la *Méthaphysique* (2), il traite de l'expérience et de ses rapports avec la théorie.

---

1. Cette doctrine de la connaissance fut précisément le principe capital qui fit préférer, au moyen âge, Aristote à Platon. Voir là-dessus Kleutgen, *Philosophie der Vorzeit.*
2) *Métaphys.*, liv. I, ch. 1.

Après avoir donné à l'observation des faits toute
l'autorité qui lui convient, il fait ressortir que
l'homme, à la différence des animaux, ne s'arrête
pas à la connaissance sensible. Son intelligence vit
de théorie et de pensées raisonnables. Il passe
ensuite au concept de l'expérience, ἐμπειρία. « Pour
les hommes, dit-il, l'expérience est le produit de
la mémoire. » En effet, une somme de faits retenus,
résultant d'une suite de phénomènes identiques,
acquiert la valeur d'une expérience. Oui, l'on peut
dire que l'expérience est presque semblable à l'art
et à la science, puisque de l'expérience l'homme
s'élève de nouveau à l'art et à la science. « L'expérience, dit avec justesse Polus, est la mère de l'art,
l'inexpérience, du hasard. Et en toute vérité, l'art
ou la théorie consiste en une somme d'expériences
et d'observations produisant une notion universelle
en rapport avec tous les faits identiques. » Dans la
suite, il s'agit, d'une part, de la valeur qui appartient à l'expérience ; d'autre part, de celle qui
appartient à la théorie. En ce qui concerne la
science pratique, Aristote accorde que l'expérience
a bien des supériorités sur la théorie et que les pra-
ticiens arrivent plus sûrement au but que les
hommes de spéculation. « En voici la raison. La
connaissance expérimentale a pour objet direct les
individus, la théorie l'universel. Toute action, en
effet, et toute génération est toujours le produit du
particulier. » Néanmoins Aristote est loin de reconnaître tout droit à l'empirisme ou au sensualisme.
Là encore, il donne la priorité à la théorie. « Nous
jugeons, dit-il, que savoir et connaître sont plus du

domaine de la théorie que de l'expérience, et pour
nous, le théoricien est plus savant que l'empirique,
partant toujours de cette supposition que la mesure
du savoir est la mesure de la sagesse. Et cela, parce
que l'un connaît la cause, l'autre non. L'expérimentateur sait uniquement le comment, mais non
le pourquoi ; l'homme de spéculation connaît, lui,
le pourquoi et la cause. » « De plus, nous ne
croyons pas que l'observation des phénomènes
sensibles, bien qu'elle soit la source primordiale
de la connaissance des particuliers, offre un caractère vraiment scientifique. Elle ne nous dit pas le
pourquoi des choses, par exemple pourquoi le feu
est-il chaud ? — elle nous dit simplement qu'il est
chaud. » Il en arrive ainsi à cette conclusion, c'est
que l'expérimentateur est semblable à celui qui n'a
des choses qu'une perception sensible quelconque;
le savant, au contraire, est capable de donner un
enseignement sur ce sujet.

Le philosophe a donc, dans une juste mesure,
concilié les deux extrêmes. Il insiste surtout sur ce
point : il ne faut pas s'attarder auprès d'un détail
particulier, fût-il bien contrôlé par une observation
expérimentale. La philosophie a pour base les
vérités universelles. Ces vérités doivent être
déduites de l'expérience et des faits, ce qui ressort
de tous les écrits du Stagirite. Il donne dans ses
Traités de philosophie naturelle une attention spéciale à chaque détail particulier. Mais, cela bien
établi, il s'élève à des pensées plus universelles. On
trouve une véritable jouissance à sa lecture, car
toujours il entremêle son exposition de réflexions

pleines de sens, et de pensées profondément philosophiques. Nous relevons cela d'autant plus volontiers, que les partisans du mécanisme objectent aux téléologistes, comme chose parfaitement admise, d'ignorer les faits, de se diriger uniquement d'après leur fantaisie et leurs idées subjectives, qui manquent précisément des fondements de l'expérience. C'est contre une telle accusation que nous défendons Aristote. Par les extraits qui suivent, il est facile de voir de quelle manière il envisage les choses. Au premier livre des *Physiques* (1), il critique les philosophes de la période antésocratique, parce qu'ils se sont engagés sur une fausse route pour étudier la nature. L'expérience leur fait défaut. Dans son *Traité du ciel* (2), il rejette, comme partant d'un *a-priori*, l'opinion de ceux qui nient le mouvement. Ailleurs (3) il insiste sur l'utilité de l'expérience. Son livre *de la Génération des animaux*, surtout, contient de nombreuses remarques à ce sujet. « Les preuves qui ne reposent pas sur la nature réelle des choses sont de nulle valeur ; elles paraissent expliquer les phénomènes ; et, de fait, elles ne le font point (4). » Et plus loin, à propos de la naissance des abeilles, il dit encore : « Ceci n'est pas encore suffisamment observé. Si on le fait il faudra se rendre plutôt à l'expérience qu'aux théories, enfin à la théorie

(1) *Physic.*, liv. I, ch. 8.
(2) III *De Cœlo*, 8.
(3) I *De Generat. et Corrupt.*, 2.
(4) II *De Generat. animal.*, 7.

elle-même si elle est d'accord avec nos perceptions sensibles (1). » Ainsi quand, de nos jours, on désire une méthode inductive permettant de ne plus opposer les faits aux théories, théories qui, à cause de cela, ne sont que des hypothèses, nous répondons qu'Aristote y a déjà pourvu. Il remarque au même endroit (2) que l'acquiescement à une chose possible dans un cas particulier « est fondé sur l'observation des faits », car la nature ne fait pas défaut dans les choses nécessaires et n'agit pas inutilement. Ainsi nous voyons que la méthode inductive, si en usage dans les sciences naturelles aujourd'hui, se retrouve déjà chez Aristote. Il est vrai qu'elle a été perfectionnée. Nous sommes en possession de moyens d'observation qui faisaient défaut au philosophe, le microscope par exemple et le télescope. L'expérimentation a été poussée bien avant ; mais enfin la connaissance théorique, la base philosophique première de cette méthode est tout entière chez Aristote, et non pas dans le *Novum Organum* de Bacon de Vérulam.

On pourrait toutefois nous objecter que si Aristote insiste beaucoup sur les faits, depuis, les sciences naturelles ont marché à pas de géant. Le nombre des faits observés par lui n'est en rien comparable à la multitude de ceux que nous connaissons de nos jours. C'est donc une grande victoire remportée sur lui. N'est-il pas injuste de demander à notre époque le relèvement de la

(1) III *ibid.*, 10.
(2) V *ibid.*, 8.

philosophie de la nature sur les bases mêmes de la doctrine péripatéticienne ? etc.

A cela, nous répondons avec le docteur Schneid, dans son ouvrage, *La Doctrine scolastique de la matière et de la forme* (1). Aristote et son école ont, par leur connaissance philosophique du monde corporel, « résolu le problème de l'essence des corps à l'aide des phénomènes ordinaires » qui peuvent être observés sans le secours d'instruments spéciaux. Ainsi, ils ont découvert des propriétés des corps que les sciences naturelles modernes ne font que confirmer. Fidèles à ce principe, que l'essence des choses se manifeste par leurs phéno-mènes, ils ont cherché pour les corps comme pour tout autre être, à connaître leur essence, par les transformations qui se produisent dans leur géné-ration et leur corruption, par leurs propriétés connues, leur étendue, etc. Or, les phénomènes de la génération et de la corruption, l'étendue et le mouvement et toutes les autres propriétés n'ont pas été contredits par les observations modernes. Ils sont certains ; et encore aujourd'hui on peut les contrôler. Pourquoi, dès lors, affirmer que la doctrine de la matière et de la forme est basée sur une connaissance erronée de la nature (2) ? »

----

(1) *Die scholastische Lehre von Materie und Form und ihre Harmonie mit den Thatsachen der Naturwissenschaft* Cf. chapitre V, *Die Physik und Metaphysik der alten.*

(2) Schneid, *op. cit.* p. 115, 2e édit. Eichstätt 1877. La doctrine de cet ouvrage, ainsi que nous le verrons dans la suite, est la base fondamentale de tout le système d'Aristote, spécialement de sa philosophie naturelle. L'œuvre du D^r

C'est donc obéir au préjugé que de priser tant l'expérience et ses progrès, sans avoir aucun principe de direction, et de rejeter les principes aristotéliciens de sa philosophie naturelle. Aussi Schneid rappelle-t-il que l'examen des faits qui doit nous conduire à une connaissance philosophique de la nature est plein de mérites. Mais ce n'est pas tant le nombre des expériences que la puissance de l'esprit philosophique qui les pénètre, qui fait leur valeur. « Un profond penseur, dit-il, peut, avec une connaissance médiocre de la nature, être une cause de progrès bien plus énergique qu'un esprit ordinaire avec une science variée du monde et de ses phénomènes. L'observation d'Eucken est parfaitement juste (1) : « Nous nous trouvons ici dans un domaine où la personnalité du penseur est d'un bien plus grand poids que l'expérience des phénomènes, où l'énergie de la réflexion intellectuelle, la direction de la volonté. les dispositions du caractère, ont une plus grande influence que la force du raisonnement et les soins minutieux de l'observation (2). » D'où il suit que le progrès dans

Schneid, la Doctrine scolastique de la Matière et de la Forme, et son harmonie avec les expériences modernes des sciences naturelles a été éditée de nouveau en 1890 sous ce titre Naturphilosophie in geiste des Kl. Thomas von Aquin, 3ᵉ édit., revue et augmentée. Ferdinand Schoning, Paderborn. Notre citation se trouve à la page 135 de cette édition.

(1) Discours sur l'importance de la philosophie péripatéticienne à notre époque, p. 18.

(2) Que la direction de la volonté, la disposition du caractère aient une grande influence, même vis-à-vis de la philosophie naturelle, cela est d'expérience psychologique. La

la philosophie, comme dans la science de la nature, ne marche pas selon un mouvement continu et régulier; souvent une seule intelligence supérieure va bien au delà des vues de ses contemporains. Elle les précède de plusieurs siècles, pénètre si profondément dans la nature des choses, que ses découvertes conservent toute leur portée à travers les siècles, demeurent immuables et éternelles, parce qu'elle a su saisir dans les êtres ce qu'ils ont d'immuable et d'éternel. Or, tels furent l'intelligence et le génie d'Aristote.

Le Dr Pfeifer traite ce point bien à propos dans son ouvrage *Harmonische Beziehungen zwischen scholastik und moderner Naturwissenschaft* (1). Il y cite un passage de Tyndall sur la lumière (2).

volonté et le caractère influent énormément sur la connaissance, surtout lorsqu'il s'agit des grands problèmes philosophiques. Le matérialisme moderne, par exemple, n'admet pas, en principe, de Créateur : c'est pourquoi il se crée une philosophie dans laquelle le Créateur est chose superflue. Un amour sincère et vrai de la vérité, éloigné de toute perversité de cœur et de volonté, est d'une nécessité capitale, pour arriver à une connaissance exacte, principalement dans les hautes sphères de la philosophie.

Nous avons dit précédemment que les principes d'Aristote ont une grande importance à notre époque. Cela ne s'applique pas à toutes ses opinions sur les sciences naturelles. Plusieurs ne sont plus soutenables, mais ses principes ont toujours la même portée.

(1) *Harmonieux rapports de la philosophie scolastique et moderne, avec un aperçu spécial sur la doctrine d'Albert le Grand et de saint Thomas d'Aquin*, etc. par le D^r Fr. X. Pfeifer. Augsbourg 1881. — Cf. p. 32.

(2) Tyndall. *La Lumière*, 6e leçon, traduction allemande de Gustave Wiedeman, p 136.

« L'esprit philosophique est semblable à un flambeau. Il ne luit que lorsqu'il a été enflammé par le contact de l'expérience et des recherches ; et comme le flambeau, il peut ensuite dépasser en énergie propre et en clarté de mille façons le foyer même d'où lui est venue la lumière. Dans ce cas, l'on peut dire qu'ils se tiennent dans une étroite liaison, car quelques faits inaperçus, isolés et peu nombreux, suffisent pour lui permettre de développer des principes d'une étendue et d'une application incalculables. » Ici Pfeifer (1) remarque que « l'histoire de la philosophie atteste la vérité de cette assertion, surtout pour ce qui concerne la partie physique ». Dans l'esprit des hommes de génie, comme Archimède, Newton, Galilée, Huyghens, qui nous ont révélé des vérités nouvelles et fondamentales, naissent à la suite de l'observation de phénomènes particuliers et tout ordinaires les idées premières de ces découvertes scientifiques qui font l'admiration du monde.

Bien que Tyndall n'applique ces paroles qu'aux sciences naturelles, elles ont cependant une portée bien plus haute dans le domaine de la science, surtout de la philosophie.

Chez les philosophes, en effet, comme chez les hommes de science, nous trouvons l'affirmation de ce principe : Pour la découverte des vérités et des principes primordiaux, il faut moins tenir compte de la quantité et de la qualité des expériences que de la profondeur et de la puissance de l'esprit qui

_____
(1) Pfeifer, *opus cit.*, p. 34.

les conçoit et qui sait en faire valoir toute la force.
Plus loin, le même auteur ajoute que cela est vrai,
en tout point, pour saint Thomas. Mais l'application peut en être faite également à son maître
Aristote qui, par la vigueur de son intelligence, a
su, à l'aide des faits les plus ordinaires, découvrir
les principes de la plus haute importance, et
autour desquels se viennent grouper les phénomènes constatés par la philosophie moderne elle-
même.

Pour conclure ce que nous venons de dire sur
la méthode du Stagirite, ajoutons que toujours, dans
la discussion d'un problème philosophique, Aristote donne un aperçu général des solutions adoptées
par ses prédécesseurs pour le résoudre, ensuite seulement il nous livre sa pensée. Il examine ces
solutions même dans leurs détails, de sorte que
c'est par lui que nous connaissons la doctrine de
plusieurs de ses devanciers, dont les œuvres sont
perdues en tout ou en partie. Mais pourquoi le fait-
il ? est-ce pour ne plus s'en occuper après ? Nullement. « Nous devons d'abord, dit-il (1), considérer
les assertions des autres philosophes, afin que,
dans le cas où ils eussent erré, nous ne commis-
sions point à leur suite la même faute; et aussi
pour que nous ne nous attribuions pas à nous seuls
la gloire de l'invention, si en quelque endroit notre
doctrine est conforme à la leur. Il faut être satis-
fait si chacun peut enseigner quelque chose de plus
juste que son prédécesseur et d'une valeur non

_____

(1) XIII _Metaphys._, 1.

moindre. » Ailleurs il ajoute (1) : « Que chacun, quand cela se présente, bien qu'il ne parle pas alors *ex professo* de la nature, touche cependant aux difficultés qu'il rencontre. Il est toujours bon de les discuter un peu. Réfléchir est déjà un grand point de philosophie. » En toute vérité, il ne veut point s'attarder à de folles affirmations : « il serait vraiment insensé de discuter des affirmations insensées (2). »

Nous ne serions, par conséquent, pas dans les sentiments et la pensée du philosophe si, avant d'exposer sa propre doctrine, nous ne faisions un retour sur la philosophie qui l'a précédé et sur les critiques qu'il en a formulées. Or, qui est plus à même de la faire, cette critique, sinon Aristote lui-même ? Sans aucun doute, il a bien mieux connu la doctrine de ses devanciers que ne la pourrait connaître aujourd'hui aucun historien. C'est donc cette critique qui va nous occuper.

CHAPITRE II

Aristote et ses devanciers.

Dès le premier livre de ses *Métaphysiques*, Aristote entreprend cet examen. Après avoir déterminé

(1) I *Phys.*, 2.
(2) *Ibid.*

le sens du mot σοφία « sagesse » et désigné la métaphysique du nom de « philosophie première », il conclut que « la véritable sagesse traite des causes premières et des premiers principes (1) ».

Au chapitre suivant, il fait remarquer que cette philosophie n'a pas, comme les autres sciences, de but en dehors de soi ; elle est à elle-même sa propre fin. Il l'appelle divine, parce qu'elle a comme objet principal la première cause, Dieu. « Les autres même peuvent avoir une utilité plus grande ; elles ne lui sont nullement supérieures (2). » Ensuite, il énumère les causes, savoir : 1° la Forme substantielle (εἶδος, μορφή) ; 2° la Matière (ὕλη) ; 3° la Cause efficiente ou motrice, (τὸ κινητικόν) ; 4° la Fin (τὸ οὗ ἕνεκα, τὸ τέλος) (3).

Ces quatre causes sont la base de sa philosophie (4). D'après elles il classe tous ses devanciers (5).

Ceci posé, il nous dit : « Nous avons fait, dans nos œuvres, de longues recherches sur les causes. Néanmoins, nous voulons aussi consulter nos prédécesseurs. Avant nous, ils ont observé l'Etre et fait sa philosophie. Ils établissent des causes, des principes certains. Examinons-les. Ce nous sera

(1) I *Métaphys.*, 1. « σοφίαν περὶ τὰ πρῶτα αἴτια καὶ τὰς ἀρχάς. »

(2) I *Metaphys.*, 2.

(3) I *Metaphys.*, 3. Voir aussi V *Metaphys.*, 2 ; — VIII, 4 ; — II *Phys.*, 3.

(4) Nous renvoyons à plus loin l'examen de chacune de ces causes.

(5) Voir I *Métaphys.*, 3.

peut-être utile. Ou bien nous découvrirons sur
notre chemin une théorie nouvelle et bonne, ou
bien nous reconnaîtrons de plus en plus la justesse
de celle que nous avons donnée (1). » C'est là le
commencement de sa critique. Il nous expose
ensuite le résultat de ses explorations (2). « Nous
avons vu succinctement et dans une analyse rapide
quels sont ceux qui ont discuté les premiers principes, et comment ils l'ont fait. En dépit de cette
brièveté, nous avons pu nous convaincre que, de
tous ceux qui ont traité ce sujet, aucun n'a établi
de principes que nous n'ayons précisés davantage
dans nos livres des Physiques. Tous, plus ou moins
clairement peut-être, ont touché d'une manière ou
d'une autre aux principes que nous avons nous-
mêmes établis (3). » Les uns n'admettent que le
« principe matériel », d'autres y ajoutent « une
cause efficiente ». « Personne cependant n'a exposé
avec clarté « le principe constitutif de l'Être et de
la substance ; tout au plus les défenseurs de la doctrine des idées l'ont-ils entrevu. »

« Quant à « la cause finale », les philosophes la
définissent : « Ce pour quoi » les actions, les transmutations, et les mouvements ont lieu. Ils en font
bien une cause ; mais ils ne nous disent pas comment elle est cause. Ceux qui érigent en principe,
l'Intellect ou l'Amitié y trouvent une bonté quel-

(1) *Ibid.* I, 3.
(2) Toujours autant qu'il nous sera possible, nous laisserons,
dans le cours de notre ouvrage, la parole au philosophe.
(3) I *Métaphys.*, 7.

conque, mais non pas une cause d'existence ou de devenir. Ils les considèrent simplement comme point de départ du mouvement. D'autres concèdent qu'ils sont causes de la substance, cependant ils ne le sont ni de son existence, ni de son devenir. Pourquoi leur arrive-t-il ainsi d'affirmer et de nier que le bien (c'est-à-dire le but) soit cause ? Parce que, pour eux, il n'est pas cause absolue, mais cause relative. Toutefois tous ces philosophes sont témoins de la justesse de notre thèse; de la détermination que jadis nous avons faite des causes; de leur nombre et de leur nature. Ils n'ont pu en effet établir aucun autre principe en dehors de ceux que nous avons constatés nous-mêmes (1). »

· Il ajoute : « Les sciences métaphysiques encore dans l'enfance traitèrent ces questions comme en bégayant (2). » Pour comprendre davantage l'affirmation d'Aristote, examinons les preuves historiques qu'il nous donne. La plupart des philosophes anciens, nous dit-il (3), firent de la cause matérielle le principe de tout l'Etre. Les philosophes naturalistes de l'école ionienne basèrent l'être sur l'un des éléments. Thalès prit l'eau comme principe; Anaximène, l'air; Eraclite, le feu; Empédocle, les quatre éléments ensemble, et Anaxagore, des principes en nombre infini. Dès le commencement de sa critique (4), il les blâme de n'avoir vu dans

(1) I *Métaphys.*, 7. — Voir aussi *Ibid.*, I, 3, et I, 10.
(2) I *Métaphys.*, 10.
(3) I *Métaphys.*, 3.
(4) I *Métaphys.*, 8.

les êtres qu'un principe matériel, corporel. Cependant il y a des êtres immatériels, incorporels. Avec leur matérialisme « ils ont détruit toute cause de mouvement en donnant les principes de la génération et de la corruption, et en rendant raison de la nature des choses. Ils refusent à la substance et à l'idée une place parmi les causes (1). » Mais revenons sur nos pas. « De cette manière, reprend le Stagirite (2), ils furent conduits et contraints, par la force même des choses, de pousser plus avant leurs recherches. De fait, la génération et la corruption proviennent d'une cause quelconque, qu'elle soit unique ou multiple. Et alors, quelle est-elle ? quel est son pourquoi ? Un sujet ne produit jamais de lui-même son propre changement. Le bois par exemple, par lui-même, ne devient pas lit, ni l'airain statue. Il existe quelque chose qui est principe, cause de cette mutation. Chercher ce principe, c'est chercher la cause efficiente, origine du mouvement.... Mais seuls, ces principes sont insuffisants pour nous expliquer la nature complète de l'Etre. Devant ces difficultés, il fallait s'enquérir d'un nouveau principe, celui dont nous allons parler. On aperçoit dans les choses la beauté et la bonté, elles doivent par conséquent devenir bonnes et belles. Or personne raisonnablement ne peut croire que le feu ou la terre ou quelque chose d'analogue en soit la cause. Le hasard ou la fortune non plus ne peuvent rendre raison d'un fait si

(1) *Ibid.*
(2) I *Métaphys.*, 3.

important. C'est pourquoi celui qui vint affirmer qu'il y a dans la nature tout entière comme dans les êtres vivants, une intelligence cause du monde et de son ordonnance, celui-là, dis-je, dut paraître un homme sensé en présence de ses prédécesseurs qui, eux, n'avançaient que des choses irréfléchies (1). Anaxagore, le premier, émit avec certitude cette idée, bien qu'avant lui, peut-être, Hermotime de Clazomène en ait parlé. Ceux-ci donc posèrent, avec le principe de l'existence des êtres, un « principe de bonté et de mouvement ».

Empédocle a posé comme principe du bien, l'amitié, φιλία, qui est opposée à la discorde, νεῖκος, principe du mal. A côté de ces deux principes il place les quatre éléments.

Aristote reconnaît, par l'admission de ces principes, un progrès chez Empédocle et Anaxagore. Il les accuse cependant de n'avoir développé leur doctrine qu'au point de vue mécaniste. Ces principes pour eux, en effet, n'ont été que cause impulsive du mouvement et non cause finale au sens d'Aristote. « Ils ont, nous dit-il (2), comme nous l'avons fait remarquer, touché jusqu'ici à deux des principes que nous avons établis dans nos traités : la matière et le principe du mouvement, mais sans précision et confusément. Leur procédé est celui d'un guerrier inexpérimenté pour le combat. Brave et entouré d'ennemis, il frappe et donne

(1) « Νοῦν δή τις εἰπὼν ἐνεῖναι καθάπερ ἐν τοῖς ζῴοις, καὶ ἐν τῇ φύσει τὸν αἴτιον τοῦ κόσμου καὶ τῆς τάξεως πάσης οἷον νήφων ἐφάνη παρ' εἰκῇ λέγοντας τοὺς πρότερον.» I Métaphys., 3.

(2) I Métaphys., 4. — Voir aussi Ibid., I, 7.

parfois des coups remarquables, mais non pas
selon les règles de l'art militaire ; ainsi ont-ils fait.
Ils ont parlé sans connaissance de cause. Leur
principe · ne leur sert pas ou presque pas.
Anaxagore fait pour l'explication de l'origine du
monde un emploi purement mécanique de son
principe. Il y fait appel quand il ne peut déterminer la cause nécessaire. Sauf ce cas, c'est partout
ailleurs qu'il cherche la raison du devenir.
Empédocle a tiré meilleur parti de ses principes,
sans cependant en tirer tout le parti possible.

Aristote passe ensuite aux atomistes (1), Leucippe
et Démocrite, et il formule contre eux une critique
sévère. Le grand reproche qu'il leur adresse est
d'avoir négligé la cause finale. Il le leur objecte en
maint endroit ; en particulier dans son *Traité de la
génération des animaux* (2).

« Démocrite, nous dit-il, a omis la cause finale
avec intention. Il ramène tout à la nécessité. Les
êtres ont nécessairement telle ou telle qualité pour
leur perfection propre et en vue d'une fin..... Si
nous n'admettons que la nécessité comme cause,
cela revient absolument à dire que l'eau, chez
un hydropique, s'écoule uniquement en vertu de
l'incision faite par le tranchant du couteau et non
en vue de la guérison à obtenir (3). »

(1) Pour la critique faite aux philosophes de l'école d'Elée,
voir : I *Métaphys.*, 5 : — I *Phys.*, 2 ; — *De Cœlo* 1 ; I *De
Generat. et Corrupt.*, 8.

(2) V *De Generat. animal.*, 8.

(3) Au sujet des pythagoriciens voir surtout I *Métaphys.*, 5
et 8. Quant aux sophis'cs, ils n'ont rien à voir avec la philo-

Voici le jugement du Philosophe sur Socrate. Il luireconnaît un grand mérite, celui de sa méthode ; méthode par laquelle il a essayé d'établir la théorie de la connaissance par la définition des idées les plus universelles. Mais comme il le note (1), ce dernier a déterminé ces idées à l'encontre de sa pensée. « Nous pouvons cependant souscrire à deux points de sa doctrine qui sont l'induction et la définition. Tous deux sont des principes scientifiques (2) ».

Socrate s'est limité à la morale. Nous ne rencontrons rien chez lui au sujet de la philosophie naturelle. Ses définitions des notions universelles ne s'étendent qu'au domaine de l'éthique (3). « Il s'occupe de l'ordre moral et non de l'ordre physique, et pour cette sphère seulement il cherche des lois générales. » Platon et Xénophon nous rapportent bien clairement pourquoi Socrate, contrairement à l'exemple de ses prédécesseurs, n'a traité que la morale. Quand il s'agit de philosophie naturelle, nous dit Aristote, il n'y a pas lieu de le faire intervenir. Seul le lecteur des *Choses mémorables* pourrait s'étonner de ce que le Stagirite, le champion de l'idée du but, ne fasse aucune mention de la doctrine de Socrate sur la finalité, dans la nature et en Dieu. Avant de passer à Platon,

sophie naturelle ; on discute avec eux dans la rhétorique, et en philosophie à propos du problème de la connaissance. Il n'y a pas lieu d'en parler ici.

(1) I *Métaphys.*, 6.
(2) XIII *Métaphys.*, 4.
(3) *Métaphys.*, 6 ; — Cf. aussi I *De Partib. animal.*, 1.

nous répondrons que Xénophon lui-même, nous
donne expressément à entendre, dans l'ouvrage
cité (1), que Socrate a laissé de côté la cosmologie,
telle que ses devanciers la traitaient, pour se
restreindre à la morale. C'est pourquoi Zeller a mis
la vérité au point quand il a écrit dans son
Histoire de la philosophie grecque (2) : « Il n'était pas
question pour Socrate de science proprement dite,
mais de la formation et de l'éducation de l'homme
par la science. Il est donc naturel qu'il se soit
appliqué à l'étude particulière de la condition et
des actes de l'homme. L'observation de la nature
ne put avoir d'utilité pour lui que dans ses rapports
avec cette question. Cependant ce qu'il y enseigne
de l'idée du but est déjà une semence jetée pour
les recherches futures sur la nature et la métaphysique. C'est un germe qui a fructifié abondam-
ment chez Platon et Aristote. Mais ce principe nouveau de philosophie n'a été qu'une chose secondaire,
à côté de ses recherches morales. Il n'eut pas
conscience de sa portée. L'intérêt qu'il lui a connu
fut purement moral. Ses considérations sur la
finalité dans la nature n'ont dû servir qu'au but
moral qu'il poursuivait; inciter ses amis à la
piété (3). »

Dans ces paroles de Zeller nous trouvons aussi
la raison du peu d'attention qu'Aristote accorde à
la téléologie de Socrate. C'est qu'elle n'a pas

(1) Xénophon, *Des Choses mémorab.*, I. 1 ; — IV, 7.
(2) Zeller, *Geschichte der griechischen Philosophie*, t. II,
I, p. 95.
(3) Voir Zeller, *opus. cit.*, p. 115 et 116.

un caractère physique proprement dit. Elle est uniquement d'ordre moral. Socrate ne scrute pas la nature pour elle-même, ainsi que le fait le Stagirite. Il ne fait point de la nature comme telle, l'objet propre de ses observations. Dans l'Être naturel, il ne considère pas son but immanent et sa conformité avec lui, ce sur quoi le philosophe a tant insisté. Une seule chose le préoccupe, la bonté des dieux pour l'humanité. Ils ont tout ordonné à ses besoins. Cette idée, « tout est pour l'homme » a sa raison d'être. Aristote la fera ressortir en son temps ; mais ce n'est là qu'un côté de la doctrine de la finalité. Socrate veut démontrer la providence divine, afin d'atteindre l'effet et le but moral qu'il poursuit : tenir la piété en éveil chez l'homme (1). Mais le téléologisme de Socrate, bien qu'il n'ait pas le caractère de la finalité physique, ne doit pas être dédaigné. Ce serait une faute. Ainsi, par exemple, il relève admirablement l'importance des mains. Elles sont les instruments de l'esprit humain. « L'homme a reçu en outre des dieux, nous dit-il, les mains qui lui sont de la plus grande utilité. C'est là un bonheur qui nous revient à l'exception des autres animaux (2). » Les mains ne seraient d'aucune utilité à ceux-ci. Ils n'ont pas la raison (3). Le principal honneur de

---

(1) Pour de plus amples détails, voir la magnifique exposition de l'idée socratique chez Xénophon. *Des Choses mémor.* I, 4 : et IV, 3.

(2) Xénophon, *op. cit.*, I, 4.

(3) Comparez à ce qu'Aristote dit des mains. IV *De Part. animal.*, 10.

Socrate est d'avoir fondé la doctrine de la finalité *ex parte Dei*, et d'avoir reconnu dans l'ordre merveilleux de la nature vis-à-vis de son but, l'œuvre de la sagesse divine.

Quant aux disciples de Socrate, Aristote les mentionne à peine. Il préfère s'occuper du système de son maître Platon.

Mais si nous accordons à Socrate le mérite d'une conception plus idéale de la nature, *a fortiori* faut-il le reconnaître à Platon. Celui-ci, par le vol transcendant de son esprit, a vaincu le matérialisme auquel rendait hommage la majorité des philosophes de la période antésocratique. Les choses de ce monde visible, en effet, ne sont pour lui que la réalisation des idées. Cependant la théorie de sa doctrine idéale et sa manière de l'établir ne trouvent pas d'approbation chez le Stagirite. Ce dernier les critique dans la polémique qu'il engage sur la doctrine des idées (1). Il lui reproche, entre autres, d'avoir laissé sans solution la question de l'essence dans les choses visibles. Ses idées « ne sont utiles ni à la science des êtres, (car elles ne sont point leur essence, dans ce cas elles leur seraient inhérentes), ni à leur existence, puisqu'elles ne sont pas intrinsèques et ne font point partie d'eux (2) ».

Plus loin il ajoute encore que cette doctrine ne résout pas la question de la génération et de la corruption. L'origine du mouvement ne l'est pas

_____

(1) Le Ier liv. des *Métaphys.* 9, est ici d'une importance toute spéciale.

(2) I *Métaphys.*, 9 ; — Cf. aussi *Ibid.*, I, 6 7.

non plus, puisque les idées ne sont point causes
motrices. « Aussi cette demande s'impose-t-elle :
Quel profit les idées apportent-elles à la thèse de
la génération et de la corruption ? Elles ne sont
ni principe de mouvement, ni de changement (1). »
Et un peu plus bas, donnant la parole aux plato-
niciens : « Nous avons négligé ce qui est l'office
propre de la philosophie : rechercher les causes
des choses visibles. De la cause de l'origine du
mouvement nous ne disons rien. »

En dernier lieu il remarque (2) que la cause
finale n'entre pas en considération dans ce système.
« Pas une seule fois nous n'avons vu les idées
avoir un rapport quelconque avec cette cause que
nous avons posée comme l'un des premiers principes. C'est par elle cependant que toute intelligence et toute nature opère. Elle est base ultime
pour la science (3). »

Aristote, seul, nous a laissé une doctrine de
l'idée de but. Aucun de ses devanciers ne l'a fait.
La cause finale est pour lui la plus importante
de toutes les causes. Elle est le fondement de sa
philosophie naturelle. Il nous reste donc à examiner les bases mêmes de son système de la finalité.

(1) I *Métaphys.* 9.
(2) *Ibid.* — Cf. aussi I *Métaphys.*, 7.
(3) Nous nous sommes provisoirement contenté de cette
citation. Nous traiterons plus amplement la position prise par
Aristote vis-à-vis de la doctrine des idées platoniciennes à
propos de sa doctrine théologique.

DEUXIÈME PARTIE

Aristote et sa doctrine de la Cause finale

CHAPITRE PREMIER

Les Principes métaphysiques

La base de la métaphysique et de la physique d'Aristote, c'est-à-dire de sa philosophie naturelle, est, nous l'avons déjà dit, sa doctrine sur les quatre causes. Parmi ces causes quelle place occupe la finalité ?

I. — Aristote délimite avec précision au Vᵐᵉ livre des *Métaphysiques* (1) ce qu'il entend par αἴτιον « cause » et par ἀρχή « principe », idée qui s'en rapproche. Il explique d'abord les différentes significations attachées au mot « principe ». Sa conclusion est : « Tous les principes ont donc raison de primauté soit dans l'ordre d'existence, soit dans l'ordre du devenir, soit dans l'ordre de la connaissance (2). Mais les uns, continue-t-il, sont intrinsèques aux choses, les autres extrinsèques. C'est pourquoi la nature est principe. Les éléments,

---

(1) V *Métaphys.*, 1 et 2.

(2) « πασῶν μὲν οὖν κοινὸν τῶν ἀρχῶν τὸ πρῶτον εἶναι ὅθεν ἢ ἔστιν ἢ γίγνεται, ἢ γιγνώσκεται. » V *Métaphys.*, 1.

la raison, la volonté, la substance et la fin le sont aussi. Dans beaucoup d'êtres le bien et le beau sont principes de connaissance et de mouvement. » Ensuite il expose l'idée de cause, disant : « Le terme *cause* a autant de sens que le mot *principe*, car toute cause est principe (1). » De ces paroles nous pourrions conclure qu'Aristote emploie ces deux concepts indifféremment. Mais il n'en est rien. Si nous scrutons sa pensée, nous verrons bientôt qu'il donne au mot « principe » un sens plus large qu'au mot « cause ».

Toute cause en effet est principe, mais tout principe n'est pas cause. Examinons la langue du philosophe et nous serons vite convaincus de sa pensée. Il conçoit la cause comme quelque chose qui produit. Or on peut contribuer de différentes manières à la production d'un être. Voilà pourquoi il distingue quatre sortes de causes : Matière, Forme, Cause motrice ou efficiente, et Cause finale. La dernière seule nous occupera dans la suite. « La première cause, selon lui, est ce dont une chose est faite. Elle est inhérente ; par exemple, l'airain dont est fait la statue, l'argent d'où sort la coupe. » Cette cause est la matière, ὕλη, ou ὑποκείμενον. La seconde, c'est la Forme qui détermine la matière, τὸ εἶδος. La troisième est le principe du devenir, du changement, du mouvement, τὸ κινητικόν. De cette façon le père est cause de l'enfant ; le principe d'efficience de l'effet ; le principe du changement de la transformation. La quatrième enfin

---

(1) « ἰσαχῶς δὲ καὶ τὰ αἴτια λέγεται · πάντα γὰρ τὰ αἴτια ἀρχαί. » *Ibid*. — I *Métaphys*., 1 : — IV, 2.

est le but pour lequel une chose est faite. τὸ τέλος, τὸ οὗ ἕνεκα (1).

Il est donc évident qu'Aristote a de la cause une conception plus large que nous. Selon notre manière de parler, nous entendons pour cause ordinairement la cause efficiente. Pour le philosophe, au contraire, elle est aussi principe constitutif de l'être, et principe de finalité. Dans un sens plus restreint, cependant, elle désigne par excellence la cause efficiente et motrice.

II. — De ce qui précède nous voyons que le concept du devenir joue un rôle capital dans son traité des causes (2). Le devenir (γένεσις) est une espèce de mutation (μεταβολή). Cette notion nous la retrouvons identifiée, au IIIme livre des *Physiques*, avec celle du mouvement (κίνησις). Au livre cinquième il nous montre la différence de ces deux concepts en énumérant les quatre sortes de changements : 1° Le changement qui atteint la substance d'un objet, c'est le changement substantiel (κατ'οὐσίαν), la génération et la corruption (γένεσις καὶ φθορά) ; 2° Le changement qualitatif (κατα τὸ ποιόν ἀλλοίωσις) ; 3° Le changement quantitatif, (κατὰ τὸ ποσόν) ; c'est le changement d'augmentation et de diminution (αὔξησις καὶ φθίσις) ; 4° Le changement local (τὴν κατὰ τόπον, φορά). Et il ajoute expressément que seules les trois dernières espèces sont incluses

(1) Comparez I *Métaphys.*, 3. — II *Phys.*, 3.—*Ibid.*, VIII, 2, où Aristote parfaitement d'accord avec lui-même expose sa doctrine des causes.

(2) Voir en particulier les discussions relatives à ce sujet, I *Phys.*

dans la notion de mouvement : mais non pas la génération et la corruption. Ainsi chaque mouvement est un changement, mais chaque changement n'est pas un mouvement (1). Cependant. Aristote

(1) Cf. XII *Métaphys.* 2. — Au Vᵉ livre des *Physiques*, ch. Iᵉʳ, Aristote rappelle que tout mouvement se fait entre des oppositions, ce qui ne peut se produire que de quatre manières. « Puisque tout changement n'est que le processus d'une certaine chose à une certaine autre chose, ce qui change ne peut changer que de quatre façons. Ou bien il y a passage de sujet à sujet ; ou bien du sujet à sa négation, ou de la négation du sujet au sujet, ou de la négation du sujet à sa négation. Et par sujet, j'entends l'affirmation. » Ἐπεὶ δὲ πᾶσα μεταβολὴ ἐστιν ἐκ τινος εἰς τι, μεταβάλλοι ἂν τὸ μεταβάλλον τετραχῶς · ἢ γὰρ ἐξ ὑποκειμένου εἰς ὑποκείμενον, ἢ ἐξ ὑποκειμένου εἰς μὴ ὑποκείμενον, ἢ οὐκ ἐξ ὑποκειμένου εἰς ὑποκείμενον, ἢ οὐκ ἐξ ὑποκειμένου εἰς μὴ ὑποκείμενον λέγω δὲ ὑποκείμενον τὸ καταφάσει δηλούμενον. Ainsi, dans le premier cas, il y a passage de sujet à sujet, par exemple du blanc au noir, c'est la transformation accidentelle. Ensuite nous avons le passage de l'être au non-être, du sujet à sa négation, c'est la corruption. Puis du non-être à l'être, de la négation au sujet, c'est la génération, et la génération substantielle absolue à tout point de vue, γένεσις ἁπλῶς ἁπλῆ ; ou bien κατ᾽ οὐσίαν, la génération ordonnée à la substance.

« Le changement qui est désigné par la contradiction, c'est-à-dire par le passage de la négation à l'affirmation, est la génération : génération simple et absolue s'il s'agit du passage du non-être à l'être, génération relative si l'on parle du passage d'une chose, c'est-à-dire de ce qu'elle n'est pas à ce qu'elle est ensuite, par exemple du non-blanc au blanc. En effet, le passage du non-être à l'être, nous l'appelons simplement la génération, car il désigne le devenir et non le devenir de ceci ou de cela. » « Ἡ μὲν οὐκ ἐξ ὑποκειμένου εἰς ὑποκείμενον μεταβολή, κατ᾽ ἀντίφασιν γένεσις ἐστιν, ἡ μὲν ἁπλῶς ἁπλῆ, ἡ δ᾽ τις τινὸς οἷον ἡ μὲν ἐκ μὴ λευκοῦ εἰς λευκὸν γένεσις τούτου, ἡ δ᾽ ἐκ τοῦ μὴ ὄντος ἁπλῶς εἰς οὐσίαν γένεσις ἁπλῶς, καθ᾽ ἣν ἁπλῶς γίνεσθαι καὶ οὔτι γίνεσθαι λέγομεν. »

Le Philosophe ne parle pas de la quatrième espèce de changement entre négation et négation, entre non-blanc et non-blanc, entre non-être et non-être. La première, au

ne poursuit pas toujours sa distinction. Dans son
Etude de la conception aristotélicienne du mouvement,
Kappes (1) nous avertit que « si la génération et la
corruption n'entrent point toujours dans le concept
de mouvement, en maint endroit cependant elles
se ramènent au mouvement. C'est pourquoi nous
devons maintenir que dans la doctrine du Stagirite,
le processus de la génération et de la corruption
doit en principe être rapporté au mouvement ». Ce
qui suit d'ailleurs met le philosophe d'accord avec
lui-même. Dans sa notion précise la génération
désigne le passage du non être relatif à l'être substantiel. Or le mouvement en soi est un accident, il
conduit à l'être accidentel. Nécessairement dans
ce cas, Aristote ne considère pas la génération

---

contraire, est examinée attentivement : c'est elle qui constitue, à vrai dire, le mouvement. Et selon qu'elle se rencontre dans les catégories de qualité, de quantité ou de lieu,
elle se divise en trois espèces.

Il est facile de comprendre sa doctrine au XIIe livre des
Métaphys, 2, et de l'accorder avec celle du Ve des *Phys.*, 1.
« Les transmutations, nous dit-il, sont au nombre de quatre,
car le changement est : ou substantiel, ou qualitatif, ou quantitatif, ou local, c'est-à-dire la génération toute simple et la
corruption, qui ont trait à la substance ; l'augmentation et
la diminution, qui appartiennent à la quantité, l'altération à
la passivité et le transfert d'un endroit à l'autre. Les changements en tout être se font entre des termes opposés. »
« Εἰ δὴ αἱ μεταβολαὶ τέτταρες, ἢ κατὰ τὸ τί, ἢ κατὰ τὸ ποιόν,
ἢ ποσόν, ἢ ποῦ, καὶ γένεσις μὲν ἡ ἁπλῆ καὶ φθορὰ ἡ κατὰ τόδι,
αὔξησις δὲ καὶ φθίσις, ἡ κατὰ τὸ ποσόν, ἀλλοίωσις δὲ ἡ κατὰ τὸ
πάθος, φορὰ δὲ ἡ κατὰ τόπον, εἰς ἐναντιώσεις ἂν εἶεν τὰς καθ'
ἕκαστον αἱ μεταβολαί. »

Pour de plus longs développements, voir Kappes : « Die
Aristotelische Lehre über Begriff und Ursache der Bewegung, *Une Etude de Philosophie naturelle.* » Bonn, 1887.

(1) Dr Mathias Kappes, op. cit, page 18.

comme un mouvement. Mais souvent, aussi, il prend
le mouvement dans son acception plus universelle, c'est-à-dire « passage de puissance à acte »,
devenir autre chose. Alors les concepts de mouvement, de génération, de corruption sont équiva-
lents (1). Et ainsi nous pouvons affirmer avec
Kappes que la notion de mouvement est la notion
propre et fondamentale de la philosophie naturelle
d'Aristote. Approfondissons cette doctrine du
Stagirite. Il définit le mouvement : « L'acte de ce
qui est encore en puissance en tant qu'il est en
puissance ». Ce que saint Thomas traduit ainsi :
« *Motus est actus imperfecti, scilicet existentis in*

(1) III *Phys.*, 1 : « ἡ τοῦ δυνάμει ὄντος ἐντελέχεια, ᾗ τοιοῦτον
κίνησις ἐστιν. »
Nous avons discuté en détail cette définition dans la revue
suisse : *Monatrosen*, à l'article intitulé : « *L'Argument de
saint Thomas d'Aquin en faveur de l'existence d'un premier
moteur transcendant du monde.* » Voyez aussi l'opuscule de
Kappes, paru depuis et cité plus haut. Il est impossible, selon
la remarque d'Aristote, *Phys.*, III, de donner une définition
logique, stricte du mouvement. Le mouvement ne se trouve
pas sous un genre prochain. Il n'est pas limité à une caté-
gorie spéciale d'être.
Dans sa définition du mouvement, Aristote a ici employé le
mot ἐντελέχεια; en d'autres endroits, par ex.: *Phys.*, III, 2, —
*Métaphys.*X, 9, il se sert du mot ἐνέργεια. Souvent ces deux
expressions pour lui sont équivalentes. Cependant, examiné
de plus près, « ἐνέργεια », d'après son sens étymologique,
signifie « action », activité, être dans l'action, τὸ ἐν ἔργῳ εἶναι;
au contraire, ἐντελέχεια indique le résultat ou l'état, terme
de l'action : τὸ ἐντελὲς ἔχειν, avoir sa perfection. Donc ἐνέργεια
n'est pas l'opération pour le résultat à obtenir, mais l'acte
de l'opération à son terme. C'est là la meilleure leçon. Voyez
Kappes, *opusc. cit.*, pag. 8 et 11, et la vigoureuse exposition
que Franz Brentano fait du texte « ὂν δυνάμει καὶ ἐνέργεια »
dans son écrit : *Von der mannigfachten Bedeutung des
seienden nach Aristoteles.* Herder, 1862.

potentia in quantum hujusmodi (1). » La raison
de mouvement consiste donc dans l'effet, ou mieux
encore dans la réalisation de ce qui est en puissance, et comme tel, c'est-à-dire aussi longtemps
que ce quelque chose conserve de la potentialité
vis-à-vis de son but ultime. Avant qu'il n'y ait
mouvement nous n'avons que la puissance ou la
possibilité au terme du mouvement. Après, c'est le
résultat lui-même, but de la puissance, qui existe,
et non plus celle-ci. La réalisation de ce qui est en
puissance, aussi longtemps que cela reste en puissance, voilà précisément le passage de la puissance
à l'acte parfait, « *e potentia in actum perfectum* ».
C'est le changement, le mouvement lui-même.
Aristote a donc du mouvement une conception plus
ample que nous. Notre langage ordinaire semble
réserver ce mot au mouvement local. Pour lui cette
notion trouve son application non-seulement aux
choses corporelles mais encore aux êtres spirituels,
et cela parce qu'ils n'ont qu'une perfection relative. Ils sont par conséquent soumis au changement et au mouvement. Seule la substance parfaite,
infinie, l'entéléchie pure, ne peut passer de la
puissance à l'acte. Elle est immobile, immuable.
— Dans son sens strict « mouvement » désigne
aussi chez Aristote « le mouvement local ».

Pour plus de clarté ajoutons que ce qui est pure
possibilité ne peut être mû. Rien ne peut être
sujet de changement sinon ce qui existe déjà, ce
qui est siège du mouvement. La possibilité dont il
est question ne doit pas s'entendre d'une pure

(1) Cf. *Sum. Theol.*, 1ᵃ 2ᵉ, quæst. 31 2 ad 1ᵘᵐ.

possibilité logique, d'un non-être. C'est un substratum réel, mais privé d'une condition spéciale de
son existence. Ce terme vis-à-vis duquel il est en
puissance doit être acquis par la transformation.
Mais ce qu'il y a déjà de réalisé dans cet achemi-
nement vers le but est, comme tel, dans son état
de perfection *in actu perfecto*. Dès lors, plus de
mouvement non plus pour ce point. Le mouvement
ne se trouve donc qu'entre la potentialité pure et
la réalisation complète de la chose pour laquelle
elle est en puissance. Les degrés intermédiaires
existent déjà dans le mouvement, mais d'une
manière imparfaite, c'est *l'actus imperfecti*. Ce qui
manque à cet acte est encore en puissance à son
but, c'est *l'existentis in potentia*. Plus le mouvement
avance plus il rapproche son sujet de l'état qu'il
doit réaliser. Ainsi passant des degrés les moins
parfaits aux plus parfaits, il conduit son sujet de
la puissance à l'acte jusqu'à ce que tout ce que ce
sujet contenait dans sa possibilité soit réalisé.
C'est *l'actus perfectus*. En voici un exemple tiré de
la chaleur dans les corps. Aussi longtemps que
l'eau est froide, elle ne possède que la puissance,
la possibilité d'atteindre un degré de chaleur quelconque. L'élévation de la température le lui don-
nera. Est-elle arrivée au degré d'ébullition par
exemple, le mouvement est à son terme. L'action
du chauffer, la transformation qui s'opère, le mouvement vers le but désiré n'est autre que le passage
du froid au degré de chaleur voulu. A chaque
instant de cette opération l'eau entre en possession
d'un degré d'existence de chaleur, par exemple,
40° — 50° — 60° —. Mais elle n'est pas encore par-

venue au but déterminé. Elle n'a qu'une existence incomplète. En acquérant un degré quelconque de chaleur, l'eau demeure apte à recevoir un degré supérieur et ainsi jusqu'à ce qu'elle ait atteint le point d'ébullition.

Or quel rapport y a-t-il entre cette définition du mouvement et le concept du devenir ? Le voici. Ici le terme du passage de la puissance à l'acte, *terminus ad quem*, c'est l'acte parfait, l'entéléchie qui, dans ce cas, n'est que l'existence parfaite de la substance individuelle. Là le terme pris dans son sens strict n'est plus l'existence parfaite de la substance mais celle des accidents. Le mouvement signifie le devenir de la quantité, de la qualité... etc... Ainsi du bronze l'artiste fait une statue.

Cette différence donnée, toutes les autres parties de la définition conviennent tant à la génération substantielle qu'au mouvement. La plante produite peu à peu d'une graine en est un exemple.

Il appert donc qu'Aristote, en maints endroits, conçoit l'entéléchie d'une façon générale comme la réalisation d'un être. Il désigne le devenir proprement par κίνησις, et identifie souvent mouvement et transformation (1).

Mouvement, génération, transformation, voilà selon Aristote, dans ses débats contre les sophismes de Zénon (2), les principes réels et directifs pour l'étude de la nature. Ce ne sont point les conditions de circonstances déterminées par l'homme, ou les pures abstractions de son esprit. L'Etre, le mouve-

(1) *Phys.*, III, 1
(2) *Phys.*, VI, 9.

ment, le devenir, sont des phénomènes objectifs
du monde des corps. Les quatre causes que le
philosophe a observées dans la génération des
êtres, et qui sont comme les facteurs du devenir,
ne sont pas, elles aussi, de vaines abstractions, des
imaginations fantaisistes, des considérations
abstraites de l'homme sur les principes de la
nature, une sorte d'anthropomorphisme. Elles sont
la base véritable du devenir. C'est là un fait solide-
ment établi par la méthode inductive. Elles sont
conditions nécessaires de génération. Ceci d'ailleurs deviendra plus manifeste dans notre traité
de la cause comme élément du devenir.

III. — Désormais nous emploierons le devenir
dans le sens de génération substantielle, ou simplement de génération. Il signifie « tirer quelque
chose de quelque chose ». Dans cette proposition,
nous trouvons deux choses : Un principe déter-
minant, c'est-à-dire ce par quoi quelque chose
devient tel ; un principe indéterminé, c'est-à dire
d'où quelque chose vient. Celui-ci, Aristote l'appelle matière première (1) ; celui-là, forme substantielle (2). La matière n'est que la possibilité à
devenir un corps. Elle le devient de fait par la
forme. La matière sans la forme est le point de
départ de la génération, le « *terminus a quo* ». En
cet état, Aristote la nomme *privation* (3). « La privation, selon saint Thomas, c'est l'absence de la
forme dans le sujet qui est en puissance à cette

(1) ὕλη πρώτη.
(2) εἶδος, μορφή.
(3) στέρησις. I *Phys.*, 7.

forme (1). » Ces deux principes ont entre eux les mêmes rapports que la possibilité et l'existence. « La matière, en effet, est puissance ; la forme, acte, existence (2). » Cependant la matière n'est pas une pure possibilité logique, un manque de contradiction, un pur néant, mais une puissance réelle qui tient le milieu entre le néant et l'être actuel ; c'est le principe constitutif des corps, et non pas le corps déjà constitué. Il est vrai que nous donnons volontiers au mot matière ce dernier sens, mais pour Aristote, c'est la matière seconde, la matière immédiate (3).

La forme n'est pas un accident, une qualité adjointe aux corps lorsqu'ils sont déjà formés, c'est un principe intrinsèque de l'être substantiel. Ni la forme, ni la matière ne sont perceptibles par les sens et ne peuvent être représentées par l'imagination. Pour nous exprimer les rapports de ces deux éléments, Aristote a dû se servir d'analogies et comparer un corps déjà existant à l'une de ses qualités ; par exemple le bois, le marbre, l'airain, et la forme de statue. Il n'y a là aucune inconséquence, aucune contradiction. La forme n'est pas, comme le veut Platon, une idée séparée, indépendante ; c'est un principe immanent de la substance corporelle. Par elle, la chose a d'être ce qu'elle est. Par exemple : la forme donne à la plante qui sort

---

(1) Saint Thomas, *Sum. Theol.*, I, q. 66, art. 2 : « Privatio est carentia formæ in eo, quod est in potentia ad hanc formam. »

(2) *De anima*, II, 1 : ἔστι δ' ἡ μὲν ὕλη δύναμις, τὸ δ' εἶδος ἐντελέχεια. Voir aussi *Métaphys.*, VIII, 2, etc.

(3) ὕλη ἐσχάτη.

de la graine son espèce et sa détermination précise. Elle est donc plus que la matière. Elle est
être, substance, essence, nature et cause (1). Souvent le philosophe en fait l'équivalent de substance
de réalité (2). Elle s'exprime par la définition de la
chose ; c'est pourquoi Aristote l'appelle souvent
l'idée, la définition (3). Bien que facteur principal,
elle ne constitue pas cependant à elle seule la substance complète. Matière et forme, voilà ses deux
principes partiels ; ils forment le composé (4) qui,
seul, existe. Ailleurs encore (5), Aristote nous dit
que la matière fait partie de l'essence des corps, et
qu'il faut, d'une façon générale, l'intégrer dans le
concept que nous nous en formons ou dans leur
définition. Comme nous l'avons déjà remarqué,
Aristote se place tantôt à un point de vue, tantôt à
un autre, sans se contredire. Un esprit attentif
remarquera vite ces apparentes contradictions (6).

(1) *Métaphys.*, VII, 3.

(2) *Métaphys.*, I, 3 : οὐσία, τότι ἦν εἶναι. A ce propos,
cf. Trendeleburg, *Rhein. Mus.*, 1828, II, p. 457 ; — Frantl,
Commentar. zur Phys., I, 8, p. 473 ; — Uberweg, *Geschichte
der Philos.*, I, p. 195.

(3) εἶδος, κατὰ λόγον.

(4) σύνολον.

(5) *Métaphys.*, VII, 10, 11.

(6) Aristote nous donne d'abord une définition négative de
la matière, *Métaphys.*, VII, c. 3: « λέγω δ' ὕλην ᾗ καθ'αὐτὴν
μήτε τι, μήτε ποσόν, μήτε ἄλλο μηθὲν λέγεται οἷς ὥρισται τὸ ὄν.»
« La matière n'est pas une substance (c'est-à-dire une substance complète parfaite), ni une quantité, ni aucun des accidents qui déterminent l'être. » Ce n'est pas non plus le néant,
mais un sujet indéterminé, une puissance ordonnée à la
substance. Quant au V des *Phys.*, 1, nous lisons que le mouvement est le passage de la négation du sujet au sujet,

Pour la complète intelligence de la cause finale, nous exposerons ici les concepts de matière et de forme (1).

οὐκ ἐξ ὑποκειμένου, εἰς ὑποκείμενοδ, ἐκ τοῦ μὴ ὄντος, etc., et, par là, on peut entendre la matière passant à l'existence actuelle : cette négation du sujet n'est point le rien absolu, mais le rien de l'être actuel, le rien relatif, l'être potentiel.

Nous trouvons ensuite une définition positive au I des *Phys.*, 9. La matière y est considérée dans sa relation avec la forme : « λέγω γὰρ ὕλην τὸ πρῶτον ὑποκείμενον ἑκάστῳ, ἐξ οὖ γίνεταί τι ἐνυπάρχοντος μὴ κατὰ συμβεβηκος. » La matière est le premier sujet de toute chose, le premier substratum de l'être substantiel des corps. Elle en est le principe intrinsèque et constitutif, comme le marbre vis-à-vis de la forme de la statue. Par son union avec la forme est engendré non pas quelque chose d'accidentel, mais la substance corporelle elle-même.

La forme substantielle est définie par Aristote pour la distinguer des accidents qui ne sont que les déterminations secondes de l'être : ἐντελέχεια πρώτη τῆς ὕλης, la première réalisation, la première perfection de la potentialité de la matière. Cf. *Métaphys.*, VIII, 2 ; — *De Ani.*, II, 1.

(1) Pour ceux qui veulent faire de la matière et de la forme une étude plus approfondie, nous renvoyons aux ouvrages et auteurs suivants : 1° Les *Commentaires* de saint Thomas sur les *Métaphysiques* et les *Physiques* d'Aristote. Ces écrits sont ce qu'il y a de plus complet. 2° *Materie und Form und die Definition der Seele bei Aristoteles. Ein kritischer Beitrag zur Geschichte der Philosophie*, par le Dr G. Freiherr von Hertling, Bonn, Weber, 1871. 3° *Das Problem der Materie in der griechischen Philosophie. Eine historische Untersuchung*, par le Dr Clemens Bäumker, Munster, Aschendorf, 1890 ; 3e partie, « Aristoteles, die Materie als Möglichkeit », page 210-301.

Hartling, 1 c., p. 94-107, et surtout Bäumker, font une critique serrée de la doctrine aristotélicienne du devenir et de sa théorie de la matière et de la forme. Bäumker, en particulier, p. 251, ne voit dans la matière première « qu'une impossibilité se tenant entre l'être et le non-être », « un produit stérile de l'imagination », p. 271. Pourtant il reconnaît

Le devenir, c'est-à-dire le mouvement, est un passage de puissance à acte. La cause requise pour effectuer ce passage se nomme cause agente ou efficiente (1). Le bois ou la pierre, par exemple, sont en puissance prochaine de devenir une maison. Si donc la maison doit être construite, il faut nécessairement faire appel à une cause agente et motrice, c'est-à-dire à l'architecte. Cependant, nous dit Aristote, une différence intervient entre les productions de l'art et les œuvres de la nature. Celles ci ont en elles leur principe de mouvement, celles-là non.

La semence, en vertu du principe évolutif qui lui est intrinsèque, se transforme en plante parfaite ; l'airain, lui, ne devient statue que par l'opé-

que cette doctrine a donné le coup de mort au monisme panthéistique des Eléates ; elle est la seule qui satisfasse l'intelligence par la lumière qu'elle jette sur les œuvres de la nature ; les plus grands esprits et un génie comme Augustin en ont parlé avec enthousiasme (*Confessions*, l. XII et XIII). Pour la solution des difficultés soulevées et la défense de cette même doctrine à notre époque, voyez l'ouvrage du Dr Schneid : *Die scholastische Lehre von Materie und Form und ihre Harmonie mit den Thatsachen der Naturwissenschaft.* La troisième édition, 1890, Ferdinand Schöning, Paderborn, a pour titre : *Naturphilosophie im Geistes des kl. Thomas von Aquin.* Voir aussi Tilmann Pesch S. J. : *Die grossen Welträtsel, Philosophie der Natur*, Fribourg, B. Herder, 1883, t. I, 4° partie : « Die Erklärung der Natur im Sinne der peripatetischen Naturphilosophie ». — *Philosophia naturalis*, par le même. — *Naturphilosophie*, par le Dr Gutberlet, Münster, Theissing, 1885, p. 25 et seq. — *Die objective Bedeutung des Aristoteles Begriffes der seelen Möglichkeit*, du Dr Glossner, ce qui, dans ce traité, concerne spécialement la matière ; dans la revue *Jahresbericht d. Philos., sektion der Gorres-Gesellschaft*, 1883.

(1) causa efficiens, τὸ κινητικόν.

ration extérieure du statuaire. La nature est en possession du principe de son mouvement, de son repos. C'est elle-même qui est ce principe, c'est sa définition (1).

Ceci dit, passons à la cause finale (2), l'objet de notre étude. La fin, c'est le but du devenir, le terme du mouvement, sa raison d'être. « La quatrième cause, nous dit Aristote, celle qui s'oppose à la cause efficiente, c'est la cause finale et le bien. Elle est le but du devenir et du mouvement (3). » Nous ne devons pas seulement savoir d'où part le mou-

____

(1) « τὴν γὰρ φύσιν κινήσεως ἀρχὴν εἶναι φαμὲν αὐτοῖς. » Nous affirmons que la nature est le principe du mouvement inférent au corps. *De Cœl.*, I, 2. « ὡς οὔσης τῆς φύσεως ἀρχᾶς τινος καὶ αἰτίας τοῦ κινεῖσθαι καὶ ἠρεμεῖν ἐν ᾧ ὑπάρχει πρώτως καθ᾽ αὑτὸ καὶ μὴ κατὰ συμβεβηκός ». Dans les êtres, la nature est le principe du mouvement et du repos là où elle a raison de primauté et non d'accident. *Phys.*, II, 1. — Cf. *Métaphys.*, V, 4. Voyez, à ce propos, Hardy : « *Der Begriff der φύσις in der griechischen Philosophie* », article publié sur Aristote, Berlin, 1884 ; — J. Schmitz : « *De φυσεως apud Aristotelem notione ejusque ad animam ratione* », Bonn, 1884.

(2) τὸ τέλος, τὸ οὗ ἕνεκα.

(3) Voici le texte complet : « τὰ δ᾽ αἴτια λέγεται τετραχῶς, ὧν μίαν μὲν αἰτίαν φαμὲν εἶναι τὴν οὐσίαν καὶ τὸ τί ἦν εἶναι (ἀνάγεται γὰρ τὸ διά τι εἰς τὸν λόγον ἔσχατον, αἴτιον δὲ καὶ ἀρχὴ τὸ διὰ τί πρῶτον), ἑτέραν δὲ τὴν ὕλην καὶ τὸ ὑποκείμενον τρίτην δὲ ὅθεν ἡ ἀρχὴ τῆς κινήσεως, τετάρτην δὲ τὴν ἀντικειμένην αἰτίαν ταύτῃ, τὸ οὗ ἕνεκα καὶ τ᾽ ἀγαθόν τέλος γὰρ γενέσεως καὶ κινήσεως πασῆς τοῦτ᾽ ἐστιν ». Le terme cause se prend dans quatre sens différents. D'abord il désigne la substance, ce qui fait l'essence d'une chose (car ce qui a la priorité doit se rapporter à la raison ultime d'un être ; or cette raison ultime, c'est le principe et la cause). En second lieu, nous avons la matière ou le sujet. Troisièmement, la cause d'où procède le mouvement. Enfin la quatrième cause, celle qui s'oppose à celle-là, la fin et le bien. Elle est le but du devenir et du mouvement.

vement, ce qui le produit comme efficient, mais aussi où il va. « Le but est ce vers quoi tend le mouvement et l'action, non pas son point de départ (1). » Mais le mouvement, c'est le passage de la puissance à l'acte ; or, l'actualité d'un être consiste dans sa forme. Il est, dès lors, facile de concevoir pourquoi Aristote identifie la cause formelle et la cause finale. La fin, la forme substantielle, en tant qu' « actualité réalisée », n'est autre que le but vers lequel est dirigé le devenir. Forme et substance existante, telle est donc la fin de toute génération (2). « Dans ce cas, substance et fin sont une seule et même chose (3). » Quand de l'œuf est produite la poule, la substance existante de cette poule, voilà sa forme substantielle, son actualité parfaite, le dernier terme de l'évolution. Ainsi le but pénètre ce qu'il y a de plus intime dans la génération, en dirige le développement et le conduit à son terme. La fin est donc une cause, non une fiction subjective. C'est un facteur réel, qui contribue au plus haut degré à la génération.

Aristote pousse la hardiesse plus loin. Il identifie la cause finale et la cause agente (4). La forme,

---

(1) *Métaphys.*, V, 17.

(2) *Métaphys.*, V, 4. Cf. *Métaphys.*, VIII, 4.

(3) « τὸ εἶδος καὶ ἡ οὐσία. τοῦτο δ' ἐστὶ τὸ τέλος τῆς γενέσεως ». — Cf. *Métaphys.*, V, 24 : « τέλος μὲν γάρ ἐστιν ἡ μορφή ». La fin, en effet, a raison de forme.

(4) Voici un important passage à ce sujet, *Phys.*, II, 7 : « αἱ αἰτίαι τέτταρες... τὴν ὕλην, τὸ εἶδος, τὸ κινῆσαν, τὸ οὗ ἕνεκα. ἔρχεται δὲ τὰ τρία εἰς τὸ ἓν πολλάκις. τὸ μὲν γάρ τί ἐστι καὶ τὸ οὗ ἕνεκα ἕν ἐστι, τὸ δ' ὅθεν ἡ κίνησις πρῶτον τῷ εἴδει ταὐτὸ τούτοις. ἄνθρωπος γὰρ ἄνθρωπον γεννᾷ. καὶ ὅλως ὅσα κινούμενα κινεῖ ». V. E. Domet de Vorges : « Cause efficiente

et non la matière, être purement passif, est principe d'opération et de mouvement dans les choses; nous comprenons ainsi pourquoi il donne le nom de nature à la forme substantielle et pourquoi il les identifie (1) ; mais forme et fin se ramènent l'une à l'autre. Les causes se réduisent donc à deux, matière et forme. L'âme en est une preuve évidente ; elle est forme substantielle, fin et principe des opérations. — Aristote nous amène au même résultat en se plaçant à un autre point de vue (2). « Les causes sont au nombre de quatre : la matière, la forme, la cause agente, la fin. Trois d'entre elles s'infèrent réciproquement : la cause déterminante de l'être, la forme et la fin s'identifient souvent, car l'actualité d'un être et sa fin sont même chose. Le principe d'où procède le mouvement n'en diffère pas non plus. Un homme, en effet, engendre un homme, et toujours ce qui est mû, de quelque façon que ce soit, meut à son tour. » Uberwegt, dans son *Histoire de la Philosophie,* dit (3) : « L'acte et la fin sont une même réalité. La fin dirige chaque objet à sa forme propre et à son actualité complète. Cette finalité immanente est la marque distinctive de la doctrine téléologique d'Aristote. Elle se sépare ainsi de cette téléologie qui est née à un âge postérieur et n'a

et cause finale », publié dans les *Annales de Philosophie chrétienne,* Paris, puis en un petit opuscule séparément, 1890. C'est un traité solide et satisfaisant, basé sur Aristote.

(1) V. *Métaphys.*, 4.
(2) *Phys.*, II, 7. Voir le texte grec ci-dessus en note.
(3) Uberwegt, *Geschichte der Philosophie*, t. I, p. 196.

qu'une utilité tout extrinsèque. La cause du mouvement se ramène aussi à la forme et à la fin. Aristote ne dit-il pas que l'homme engendre l'homme, un être parfait semblable à lui et cependant distinct de lui ? »

Ce n'est pas, il est vrai, sa forme elle-même qu'il veut produire, mais une forme identique, dont la sienne est cause efficiente. Dans l'organisme humain, l'âme est principe de ces trois causes (1). Dans les œuvres d'art, dans les opérations mécaniques, comme la construction d'un édifice, par exemple, nous observons que nous avons, outre la matière, ces trois causes distinctes, non d'une distinction de raison seulement, mais dans la réalité (2). La forme qui doit recevoir l'existence n'est-elle pas la fin de la cause efficiente ? Cette forme qui est le

---

(1) *De Anima*, II, 4.

(2) Ici nous remarquons une profonde différence entre les opérations de la nature et les œuvres d'art. De celle-ci il serait erroné de dire : la cause agente et la forme de l'objet à réaliser sont une même chose. L'architecte et la maison sont bien dissemblables. De plus la fin devient forme immanente dans la nature. Souvent elle est extrinsèque dans les œuvres d'art. Le but de l'évolution de la semence est la substance elle-même de la plante ; il n'est point dans l'art de guérir, l'art de guérir lui-même ; le but, c'est la santé, qui est quelque chose d'extrinsèque. Cf. *Phys.*, I, 1 ; — *Métaphys.*, XII, 3.

C'est ainsi que le philosophe différencie l'art et la nature. Bien qu'il explique par analyse les opérations de la nature par ce que nous voyons se passer dans les choses de l'art, il est loin de tomber dans un anthropomorphisme arbitraire. L'art est plutôt une imitation de la nature. Cf. *Phys.*, II, 8. — Consulter aussi la *Poétique* d'Aristote et son introduction, de Adolph Stahr, p. 15, etc.

terme, l'acte de la génération, n'est-ce pas elle qui
meut et détermine la matière ? Elle est donc fin et
agent. « La fin meut de la même manière que
l'objet désiré meut la volonté. Etant mue, elle
meut à son tour ce qui lui est soumis (1). » Notons
en passant ce point capital pour la doctrine théologique du philosophe.

Nous pouvons ainsi suffisamment comprendre la
thèse péripatéticienne de la finalité dans ses rapports avec la génération, le devenir et les autres
causes. Ce n'est pas qu'il n'y ait plus d'obscurité.
Et si le processus du devenir, de même que l'essence des choses, se soustraient à la perception sensible, le procédé abstrait de la philosophie ne nous
permet pas non plus de pénétrer de part en part
le comment propre et spécifique de l'être, ni de
voir par l'intuition l'être dans les individus. Mainte
merveille reste enveloppée dans le voile du mys-
tère. Il serait juste donc de répéter en ces sens le
mot du poète :

> Dans les secrets intimes de la nature
> Ne parvient aucune intelligence créée.

IV. — De cette doctrine, tirons les conséquences.
c'est-à-dire les principes fondamentaux et généraux de la finalité.

1º Comme la matière et la forme ont entre elles
les rapports de potentialité et d'actualité, la question suivante se présente aussitôt : Laquelle des

_____

(1) « κινεῖ δὲ (τὸ οὗ ἕνεκα) ὡς ἐρώμενον, κινούμενον δὲ τ᾽ ἄλλα
κινεῖ ». *Métaphys.*, XII, 7.

deux a la priorité sur l'autre : la puissance ou
l'acte ? Ou, si vous voulez : L'œuf est un poussin
en puissance, le poussin une poule ; lequel des
deux, en dernière analyse, est le premier, l'œuf ou
la poule ? Voici la réponse d'Aristote : Quand nous
concevons un individu déterminé, comme ici la
poule, c'est l'œuf qui tient la première place.
L'œuf, par suite de l'évolution qu'il subit, produit
la poule, mais cet œuf présuppose une autre poule,
qui est sa cause. Nous devons aboutir ainsi en dernier ressort à une actualité, une forme, une perfection dernière, qui précède la puissance. L'acte doit
donc être regardé comme ayant la primauté. De là
cette conclusion, grosse d'importance : « πρότερον
ἐνέργεια δυναμεώς. » L'acte a la primauté sur la puissance (1). Etudions-le (2).

L'expression ἐνέργεια est un terme relatif chez
Aristote. Tantôt il a le sens d'acte premier, d'actualité parfaite, ἐντελέχεια πρώτα, tantôt celui d'activité.

Nous devinons, dans ces manières de parler,
qu'il y a, pour le philosophe, une différence entre
actualité parfaite d'un être, acte premier, et l'activité, ou acte second, l'effet produit par cette actualité. Pourtant il ne semble pas tenir rigoureu-
sement à cette distinction (3). Il use même de ἐνέργεια

---

(1) *Métaphys.*, IX, 8 : « Actus (simpliciter) prior quam
potentia. » — Saint Thomas, *S. Theol.*, I, q. 3, a. 1.

(2) Voir notre traité : *Der Akt ist früher als die Potenz.
Ein wichtiges Princip der Aristotelisch-thomistichen Philo-
sophie*, publié dans la revue du Dᵣ Commer : *Jahrbuch für
Philosophie und speculative Theologie*, I, nᵒ 4.

(3) Voir ce que nous avons dit au sujet du mouvement.

dans le sens de ἐντελέχεια πρώτη. Donc il nous est loisible de le traduire tantôt par acte, tantôt par action (1). Nous nous servirons ordinairement du mot « acte » pour l'une et l'autre signification. Le terme δύναμις, *potentia*, peut être rendu ou par possibilité et puissance passive, — il s'agit, bien entendu, non de la pure possibilité logique, mais d'une puissance réelle, — ou par force, pouvoir, puissance active.

Aristote discute l'expression πρότερον, *Métaphys.*, V, c. 11 : « Une chose peut être dite antérieure ou postérieure chaque fois que, dans le domaine de l'être, nous trouvons un premier, un commencement. Ce qui est antérieur est ce qui se rapproche le plus d'un commencement déterminé par la nature et absolument, ou par la relation, ou par le lieu, ou par quelque autre chose (2). » Nous constatons ainsi différentes sortes de priorité :

a) La priorité de lieu (3). Une chose a la priorité de lieu, quand, par nature, le milieu ou l'extrémité, par exemple, ou accidentellement, elle est plus proche d'un lieu déterminé. Ce qui est plus éloigné est postérieur ;

b) La priorité de temps (4). Vis-à-vis du passé, le présent est postérieur. Ainsi la guerre de Troie

---

(1) Cf. Schwegler, *Kommentar zur Metaphys.*, XI, p. 221 et seq.

(2) « τὸ ἐγγύτερον ἀρχῆς τινος ωρισμένης, ἢ ἁπλῶς καὶ τῇ φύσει, ἢ πρός τι, ἢ ὑπό τινων ».

(3) κατὰ τόπον ; — par nature φύσει ; — accidentellement πρός τὸ τυχόν.

(4) κατὰ χρόνον.

précède les guerres médiques. Vis-à-vis de l'avenir, le présent a la priorité. Il est considéré comme principe et commencement ;

c) La priorité de mouvement (1). C'est ainsi que le mobile qui est le plus près du premier moteur possède la priorité. Celui-ci est, à tout point de vue, le premier ;

d) La priorité du pouvoir (2). Il est évident que l'être qui domine par la puissance et la force a la priorité. Celui qui lui est inférieur et lui est soumis se trouve nécessairement sous sa dépendance. L'un n'est en mouvement que sous la motion de l'autre ;

e) La priorité de situation (3). Les objets qui s'éloignent proportionnellement d'un premier parfaitement déterminé jouissent de ce genre de primauté. Dans une suite de positions considérées par rapport à une première, la deuxième précède la troisième ;

f) La priorité dans l'ordre de connaissance (4). Ici, ce qui a la priorité, au sens absolu du mot, ἁπλῶς (5), l'est aussi dans l'ordre de connaissance.

---

(1) κατὰ κίνησιν.

(2) κατὰ δύναμιν.

(3) κατὰ τάξιν.

(4) γνώσει.

(5) Notons, à propos du mot ἁπλῶς, que la formule « ἁπλῶς καὶ τῇ φύσει », d'une façon absolue et suivant la nature, est opposée à celle-ci : « ἢ πρός τι ἢ ὑπό τινων », relativement ou par quelque autre chose. Nous retrouvons à peu près les mêmes expressions et la même opposition, *Métaphys.*, IX, 3. Le philosophe fait la distinction entre l'absolu, la nature stable, et ce qui est passager, « ἁπλῶς δέ

Remarquons seulement cette différence. L'universel, dans l'ordre intellectuel, a la priorité, le particulier, dans l'ordre sensible (1), ou bien les accidents et les propriétés, l'ont sur le tout. Le modèle a la priorité sur la statue. L'un n'est pas concevable sans l'autre, la partie sans le tout ; bien que le modèle ou l'exemplaire ne soit modèle sans un sujet modèle. En d'autres termes, les caractères généraux sont comme les concepts universels, d'où sont déduits les concepts particuliers ;

g) Sont aussi dénommées prieures les propriétés de la priorité elle-même (2). En ce sens, nous disons que la rectitude a la priorité sur le plan. L'un est propriété de la ligne, l'autre de la surface;

τὸ κατ᾽ οὐσίαν » et « κατά τι, ce qui est corruptible dans un rapport déterminé, rapport de lieu, de quantité ou de qualité. Nous concluons de là que, en soi et par soi, la priorité de nature et de substance a raison de priorité absolue. Aristote démontre ensuite, *Métaphys.*, IX, 8, que l'acte précède essentiellement la puissance. On peut donc dire, au sens péripatéticien, que « l'acte a absolument la priorité sur la puissance », bien qu'ici le philosophe, en formulant son principe. n'y ajoute pas le mot ἁπλῶς. Au point de vue relatif, dans l'ordre numérique de succession, par exemple, la puissance précède l'acte, la semence la plante. Mais cette semence suppose une plante parfaite qui l'a produite. En soi donc et de soi, absolument et essentiellement, l'acte précède la puissance. Dans l'ordre de connaissance et de génération, il en est de même, *Métaphys.*, IX, 8 et 9, mais cet ordre lui-même est postérieur à l'autre. Les scolastiques se servent, pour rendre cette idée, des termes « simpliciter », ἁπλῶς et « secundum quid », κατὰ τι. Nous en donnons plus loin des exemples.

(1) « κατὰ τὸν λόγον. — κατὰ τὴν αἴσθησιν ».

(2) « τῶν προτέρων πάθη ».

h) En dernier lieu, la priorité de nature ou de substance (1). Mode de priorité employé aussi par Platon. Tout ce qui existe en soi, indépendamment d'un autre, la possède. En retour, ce qui est postérieur ne peut l'être que par sa dépendance d'un antérieur. Et comme l'être est déterminé à une multitude d'existences diverses, l'être qui est sujet ou substance (2) prime tous les autres ;

i) Cette doctrine du concept de priorité ou de postériorité est appliquée à la puissance et à l'acte. Une chose peut être antérieure à la puissance, une autre à l'acte. Un tronçon de ligne, une partie d'un tout sont antérieurs au tout. La matière l'est à l'individu, mais elle est postérieure à l'acte. Quand celui-ci parvient au but, l'autre seulement reçoit son acte. Somme toute, nous pouvons légitimement conclure que tout ce qui est en rapport de priorité et de postériorité se réduit à l'acte et à la puissance.

Comparons donc cette conception avec les notions ci-dessus.

C'est ce que fait Aristote, *Métaphys.*, IX, 8. « Ayant déterminé les divers modes de priorité et de postériorité (3), nous savons, d'une manière générale, que l'acte est antérieur à la puissance. » Il est nécessaire de préciser davantage. « (4) L'acte

---

(1) κατα φύσιν καὶ οὐσίαν.

(2) τὸ ὑποκείμενον, ἡ οὐσια. — Cf. *Métaphys.*, VII.

(3) *Métaphys.*, V, 11.

(4) « προτέρα ἐστὶν ἡ ἐνέργεια καὶ λόγῳ καὶ τῇ οὐσίᾳ, χρόνῳ δ' ἐστι μὲν ὥς, ἐστ δ' ὡς οὔ ».

a sur la puissance une priorité dans l'ordre de
connaissance et une priorité de nature. Dans
l'ordre de succession, il l'a et ne l'a pas. Il est
manifeste qu'il y a priorité dans l'ordre de connaissance. La puissance n'est puissance que parce
qu'elle est ordonnée à l'acte. C'est la possibilité de
devenir acte. Par exemple : l'architecte, c'est celui
qui peut construire un édifice ; celui qui a la
puissance visuelle peut voir ; ce qui est visible
peut être vu, et ainsi de suite. La raison ou le
concept d'acte précède donc celui de puissance,
puisque nous ne pouvons définir l'une que par
l'autre.

Par rapport au temps, ce qui est actuel, l'acte en
tant qu'agissant pour reproduire une forme substantielle a la priorité. Il est postérieur numériquement, c'est-à-dire dans cette forme produite.
Voici : Avant que tel homme déterminé, telle
plante, tel acte de voir ne soient, existait déjà
la matière dont est formé cet homme, la graine
d'où est sortie cette plante, la puissance visuelle
qui voit. Tout cela, ce sont les puissances à ces
actualités, et, par conséquent, elles ont une priorité dans l'ordre du temps. Mais encore, avant que
ces possibilités existantes ne soient, il y avait
d'autres réalités actuelles qui leur ont donné l'être.
La puissance, en effet, ne devient acte que par
l'opération d'une autre actualité. L'homme n'est
engendré que par un homme déjà existant. Toute
forme est le produit d'une autre forme. Donc un
premier moteur, un moteur en acte, est acquis. »
C'est ainsi que le Stagirite démontre que l'actuel

précède, dans l'ordre de succession et du devenir (1), la puissance.

Comment enfin l'acte précède-t-il la puissance ?
Question un peu plus difficile. Saint Thomas nous
servira de guide. « (2) Le philosophe, selon le grand
docteur, nous a démontré plus haut que l'acte est
antérieur à la puissance, et dans l'ordre de connaissance, et, d'une certaine façon, dans l'ordre de
succession. Ici, il veut nous prouver qu'il y a aussi
priorité de nature. C'est le troisième point indiqué
ci-dessus. Sa preuve est double. La première
démontre notre proposition par des raisons prises
de la nature des êtres qui sont tantôt en puissance,
tantôt en acte. La seconde compare ces êtres
mobiles tantôt en acte, tantôt en puissance, à ceux

---

(1) κατὰ γένεσιν καὶ χρόνον.

(2) Saint Thomas, *Métaphys.*, IX, lect. 8, édit. Vivès :
Postquam Philosophus ostendit quod actus est prior potentia
ratione, et tempore quodammodo, hic ostendit, quod sit prior
secundum substantiam : quod est superius tertio propositum.
Et dividitur in duas partes. In prima ostendit propositum
rationibus sumptis ex his, quæ quandoque sunt in potentia
quandoque in actu ; in secundo vero per comparationem
sempiternorum, quæ semper sunt actu, ad mobilia quæ
quandoque sunt in potentia, quandoque in actu, ibi : At vero
« magis proprie. » Et quia esse prius secundum substantiam,
est esse prius perfectione, perfectio autem attribuitur duabus
causis, scilicet formæ et fini ; ideo duabus rationibus in
parte prima utitur ad propositum ostendendum. Quarum
primo sumitur ex parte formæ. Secunda ex parte finis quæ
ponitur ibi : « Et quia omne ad principium vadit. » Dicit ergo
primo quod non solum actus est prior potentia et ratione et
tempore, sed substantia id est perfectione. Nomine enim
substantiæ consuevit forma significari, per quam aliquid est
perfectum. »

qui sont toujours actes, aux êtres immobiles et éternels. Elle commence à ces mots : « Mais dans un sens supérieur... (1). » Et il nous donne deux raisons ; et cela parce que priorité de nature dit priorité de perfection. Mais la perfection est l'œuvre surtout des deux causes formelle et finale. D'où raisons prises du côté de la forme, raisons prises du côté de la fin. Celles-ci commencent à ces mots : « Tout ce qui se produit tend à un principe et à « une fin... (2). »

L'acte n'a pas seulement une priorité de raison et de temps sur la puissance, mais de nature, c'est-à-dire de perfection. Par nature ou substance, nous avons coutume de désigner ce par quoi un être a sa perfection. »

Examinons ces arguments et commençons par les choses corruptibles. Le premier se rapporte à la forme substantielle.

« Ce qui est postérieur dans le devenir (3) est, dans l'état d'actualité, antérieur en vertu de sa nature même et de sa substance (4). L'homme mûr a la priorité sur l'enfant, l'enfant sur l'embryon. Le premier a déjà sa forme, sa perfection, l'autre non. » « Nous le prouvons ainsi, poursuit saint Thomas 5). Les choses qui, dans l'ordre de géné-

---

(1) Ἀλλὰ μὴν καὶ κυριωτέρως.

(2) καὶ ὅτι ἅπαν ἐπ᾽ ἀρχὴν βαδίζει τὸ γιγνόμενον καὶ τέλος.

(3) Arist., *loc. cit.*, τῇ γενέσει.

(4) τῷ εἴδει, ...τῇ οὐσίᾳ.

(5) Saint Thomas, *loc. cit.* : « Et hoc quidem primum apparet tali ratione : quia ea, quæ sunt posteriora in generatione sunt « priora secundum substantiam », id est « perfec-

ration, sont postérieures, sont antérieures en nature, c'est-à-dire en perfection. Le devenir va toujours de l'imparfait au parfait. C'est pourquoi l'homme, dans ce cas, est postérieur, car l'enfant devient homme. Il est même postérieur au sperme. Pourquoi cela, sinon parce que l'homme est au terme de sa perfection ? Il l'a en sa possession. L'enfant et le sperme ne l'ont pas encore. Or puisque, dans ce même individu numériquement déterminé, l'acte est postérieur dans l'ordre de génération et du temps, il est évident, d'après ce que nous venons de dire, qu'il est antérieur en raison et en nature. » Le parfait prime l'imparfait (1).

Nous pourrions encore jeter de la lumière sur cet argument par la remarque suivante : Aristote ne se sert pas, dans ce texte, du mot « principe » comme dans le suivant, mais nous ne pouvons l'interpréter qu'en l'y introduisant. La forme substantielle parfaite est, dans l'homme, le principe complet de son être. Dans la génération, les termes « plus » ou « moins » ne se disent que par rapport à cette forme substantielle complète ; de même que

tione », quia generatione semper procedit ab imperfecto ad perfectum, sicut vir est posterior generatione quam puer, nam ex puero fit vir, et homo posterius generatione quam sperma. Et hoc ideo, quia vir et homo jam habent speciem perfectam, puer autem et sperma nondum. Cum igitur in eodem secundum numerum actus generatione et tempore sit posterior potentia, ut ex superioribus patet, sequitur quod actus sit prior potentiâ, substantiâ et ratione. »

(1) Voyez ce que nous avons dit plus haut de l'identification de l'acte et de la forme.

ce qui se rapproche le plus du principe est antérieur, car il a raison de primauté. De là encore priorité de l'acte, car l'acte, pris comme forme substantielle, est terme du devenir, c'est-à-dire principe
de perfection.

Passons à la preuve téléologique. Elle n'est pas
moins concluante. L'acte y est considéré comme
fin. « Toute génération tend vers un principe et un
but ; le but est principe, la génération n'est-elle pas
à cause de lui ? Mais ce but, c'est l'acte auquel est
ordonnée la puissance (1). » Ce n'est pas pour acquérir la puissance de vision que les animaux voient ;
au contraire, ils voient parce qu'ils ont cette puissance. Saint Thomas formule ainsi cet argument :
« Le philosophe nous dit d'abord que tout devenir,
tout ce qui tend à un but, tend vers un certain
principe. Le but, ce qui détermine à agir, est, en
quelque sorte, principe. Il est l'intention préexistante de l'agent, et, en vertu de cette intention, la
génération se fait. Mais l'acte est le but de la puissance. Donc l'acte a la priorité sur la puissance, et
il est en même temps son principe. » Notre
commentateur pénètre ici parfaitement la pensée
du Stagirite. Il fait bien ressortir la priorité idéale
de la fin. Le philosophe, encore ailleurs (2), montre

---

(1) « καὶ ὅτι ἅπαν ἐπ' ἀρχὴν βαδίζει τὸ γιγνόμενον καὶ τέλος.
Ἀρχὴ γὰρ τὸ οὗ ἕνεκα, τοῦ τέλους δ' ἕνεκα ἡ γένεσις · τέλος
δ' ἡ ἐνέργεια καὶ τούτου χάριν ἡ δύναμις λαμβάνεται ».
Le mot ἐνέργεια est employé, ici et dans ce qui suit,
partim dans le sens de forme substantielle, réalité complète,
ἐντελέχεια πρώτη, *partim* dans le sens d'activité, d'effet.

(2) Cf. *Métaphys.*, XII, 6. — *De Anima*, III, 4. — *De Part.*
ani., I, 1.

que le but conçu est principe des œuvres de la
nature comme des œuvres de l'art, et (1) ce qui est
postérieur dans l'exécution, c'est-à-dire le but
atteint, a la priorité dans l'ordre d'intention. Ce
serait ici le cas de rappeler le proverbe : Les derniers sont les premiers (2).

Résumons enfin, avec Schwegler, la démonstration par le syllogisme suivant (3) : « Le but (4) est
le principe du devenir ou de l'être potentiel. Or, le
principe d'un être est son commencement, c'est ce
qui est en premier lieu ; par conséquent, le but ou
la fin, c'est-à-dire l'actualité complète (5), est, dans
sa conception, antérieure au devenir. » Un autre
argument d'Aristote se refère à celui-ci : « La matière est un élément potentiel, parce qu'elle est
ordonnée à la forme. A-t-elle son actualité, c'est
qu'alors.elle est en possession de la forme (6). »

L'examen des êtres incorruptibles nous conduit
à la même conclusion. Ce qui est éternel, immuable,
est acte sans mélange de potentialité, et, par le fait,

(1) *De Part. ani.*, II, 1.
(2) Finis est primum in intentione, ultimum in execu-
tione.
(3) Dans cet argument, ἀρχή, principe est moyen terme.
(4) τὸ τελος (ἡ ἐνέργεια).
(5) ἡ ἐνέργεια.
(6) « ἔτι ἡ ὕλη ἐστι δυνάμει, ὅτι ἔλθοι ἂν εἰς τὸ εἶδος · ὅταν
δὲ ἐνεργείᾳ ᾖ τότε ἐν τῷ εἴδει ἐστίν ». Dans cet argument,
ἐνέργεια est identifié avec la forme substantielle, l'ἐντελέχεια
πρώτη. Celle-ci est fin, objet du désir, par suite but du
devenir. La matière y joue le rôle de puissance passive. Du
reste, il est en tout semblable au précédent. — Voir ce que
nous avons dit plus haut de l'identité de la forme et de
la fin.

incorruptible. Les choses corruptibles sont douées de potentialité, d'être et de non-être. C'est pour- quoi elles sont corruptibles et quant à leur subs- tance, et quant à leurs accidents de lieu, de quan- tité, de qualité, etc. (1). Mais ce qui est essentiel- lement incorruptible est, de par nature, supérieur à ce qui est corruptible. Donc l'acte a la priorité sur la puissance d'une priorité de nature. Ce que saint Thomas annote ainsi :

« L'éternel est, vis-à-vis des choses corruptibles, ce que l'acte est à la puissance. L'éternel, comme tel, n'est pas en puissance ; les corruptibles, au contraire, le sont. Or, il est évident que l'éternel est supérieur en substance et en perfection aux êtres corruptibles ; donc l'acte a la priorité sur la puissance en substance et en perfection (2). »

Le philosophe, poursuivant sa pensée, insiste sur l'importance et la noblesse (3) de l'acte. Les êtres incorruptibles sont certainement plus nobles que les êtres corruptibles ; et comme les uns et les autres sont entre eux comme l'acte et la puissance, il s'ensuit que l'acte est plus noble et plus im- portant.

---

(1) ἁπλῶς δὲ τό κατ᾽ οὐσίαν. — κατά τι.

(2) Saint Thomas, *loc. cit.* : « Sempiterna, comparantur ad corruptibilia sicut actus ad potentiam. Nam sempiterna in quantum hujusmodi, non sunt in potentia, corruptibilia vero in quantum hujusmodi in potentia sunt. Sed sempi- terna sunt priora corruptibilibus substantia et perfectione, hoc enim manifestum est. Ergo actus est prior substantia et perfectione. »

(3) κυριωτέρως.

Est-ce tout ? Non. L'acte est encore meilleur et plus estimable que la puissance (1). « Dans le domaine du potentiel, nous dit-il, le même être a en soi la puissance aux actes contraires ; par exemple : Celui qui a la puissance d'être en bonne santé a aussi celle d'être malade. Une même puissance peut, en effet, tendre au repos ou au mouvement, à l'édification ou à la ruine. La possibilité aux effets opposés existe donc en même temps, mais sa réalisation ne peut se faire en même temps. Les deux actes ne peuvent être simultanés. Il est impossible d'être et malade et en bonne santé. A cause de cela, l'acte l'emporte. »

En d'autres termes : Ce qui est bon seulement en puissance est également mauvais en puissance. A côté de la possibilité d'être en bonne santé, il y a la possibilité d'être malade. Ainsi, dans l'homme, deux possibilités : celle du bien, de la santé, celle du vice, de la maladie. Il ne saurait en être de même pour l'acte : s'il est bon, il ne peut être mauvais. Le bien actuel est donc bien sans mélange de mal ; par conséquent, l'acte (le bien actuel) est meilleur que la puissance. Nous trouvons plus loin un confirmatur de cette doctrine : « Les propriétés des figures géométriques se démontrent par leur actualité, c'est-à-dire en sectionnant ces figures. Quand elles sont divisées, leurs pro-

---

(1) ὅτι δὲ καὶ βελτίων καὶ τιμιωτέρα τῆς σπουδαίας δυνάμεως ἡ ἐνέργεια ἐκ τῶνδε δῆλον.

Cf. *Métaphys.*, VII, 3 : τὸ εἶδος τῆς ὕλης πρότερον καὶ μᾶλλον ὄν.

La forme est antérieure à la matière, l'être encore davantage.

priétés deviennent concevables de fait ; auparavant, elles ne le sont qu'en puissance, etc.... » Il est donc clair que nous parvenons à la connaissance de la possibilité par l'actualité. Pourquoi ? Parce que comprendre est un acte ; nous ne connaissons que lorsque nous sommes en acte d'intelligence. De là nous concluons à la puissance. Cependant cet acte est postérieur, dans l'ordre de génération, à la puissance qui le produit. Aristote veut ainsi nous démontrer que l'acte est le principe de connaissance de la puissance. On divise une figure pour connaître ses qualités géométriques, pour savoir ce qu'elle contient en puissance (1). La diviser, c'est lui donner son actualité. Et de cette actualité, nous concluons à la puissance. Nous faisons exister en quelque sorte cette puissance (2). Il s'ensuit que l'acte est meilleur que la puissance. A cela saint Thomas ajoute, dans son *Commentaire* (3) : « Voici la conclusion du philosophe : Il est évident que, faisant passer une puissance à son acte, nous constatons la vérité et de l'acte et de la puissance ; et

(1) δυνάμει ἐνυπάρχει.
(2) ἐξ ἐνεργείας ἡ δύναμις.
Cf. Schwegler, *loc. cit.*, p. 184.
(3) Saint Thomas, *loc. cit.*, lect. X. « Sic igitur concludit philosophus manifestum esse, quod quando aliqua reducuntur de potentia in actum, tunc invenitur earum veritas. Et hujus causa est, quia intellectus actus est. Et ideo ea quæ intelliguntur oportet esse actu. Propter quod ex actu cognoscitur potentia. Unde facientes aliquid actu, cognoscunt sicut patet in prædictis descriptionibus. Oportet enim quod in eodem secundum numerum posterius secundum ordinem generationis et temporis sit actus quam potentia, ut supra dictum est. »

cela parce que comprendre est essentiellement un acte. C'est pourquoi ce que nous comprenons doit être dans l'état d'actualité. Par cette actualité, nous connaissons enfin la puissance d'où elle tire son origine. C'est donc l'acte qui nous donne la connaissance, comme le prouvent les exemples cités. Il est nécessaire, par conséquent, que dans un même individu, numériquement déterminé, l'acte soit postérieur à la puissance dans l'ordre de succession et de génération. Ce que nous avons dit plus haut. » Telles sont les preuves sur lesquelles Aristote appuie sa proposition : l'acte a la priorité sur la puissance, il lui est préférable. De là aussi, en rigoureuse logique, celle ci, si importante dans la philosophie naturelle : La priorité appartient essentiellement au parfait, la postériorité à l'imparfait (1).

2° Un autre axiome encore s'y rattache : Le tout précède la partie (2). Le tout, dans un organisme par exemple, existe quand la forme a son développement complet. Sans doute, dans la marche successive de son évolution, la partie précède ; mais l'idée du tout, c'est-à-dire de la forme, du but, est antérieure à chaque partie ; elle est l'idée directrice de leur devenir. L'exemple de la construction d'un édifice nous l'expliquera. Il se retrouve fréquemment sous la plume du Stagirite.

---

(1) « τὸ γὰρ τέλειον πρότερον τῇ φύσει τοῦ ἀτελοῦς ». *De Cœlo*, I, 2.

(2) « τὸ γὰρ ὅλον πρότερον ἀναγκαῖον εἶναι τοῦ μέρους ». *Polit.*, I, 2.

Chacune des parties de l'édifice est antérieure au tout. Nous avons d'abord les fondations, puis les murs, les étages, enfin le toit. Mais avant que l'une ou l'autre de ces parties ne soit réalisée, le plan de l'ensemble, l'idée finale existe déjà dans l'esprit de l'architecte. Et précisément parce que le plan et le but sont tels, la maison aura telle forme déterminée. Les parties aussi, pour être en harmonie avec l'ensemble, seront telles et se succéderont dans tel ordre. L'idée du tout, c'est-à-dire de la fin, est dominatrice. Elle est la raison de la disposition des parties. Des faits analogues se présentent dans la nature. Chaque partie d'une plante se développe successivement jusqu'à complète évolution ; mais l'idée de la plante parfaite est incarnée dans la semence. Parce que, selon le plan de la nature, le résultat final doit être la réalisation de telle plante, son développement suivra telle marche déterminée. La forme complète existe donc dans l'idée avant les parties, et elle dirige l'évolution de celles-ci.

3° Nous voyons ainsi quelle est la conception idéale de la nature chez Aristote. La forme et la fin, c'est l'idée qui a sa racine dans l'intelligence ; la matière est un principe irrationnel. Cette idée exerçant son empire sur la matière, la détermine à la recevoir comme forme. Elle la spiritualise, en quelque sorte, en l'attirant à soi. La notion de la fin est, pour le Stagirite, d'une importance capitale. Sans elle, pas de connaissance suffisante de la nature, car elle est la première des causes (1 .

(1) *Métaphys.*, 1, 2.

« La science souveraine et directrice est celle qui
sait la fin de toute action ; les autres l'ignorent. A
elle appartient de connaître ce qu'il y a de bien et
d'éminent dans la nature. » La finalité préside à
toutes choses et les met en possession de leur perfection (1). « C'est d'elle qu'ils tiennent leur origine dans la nature comme dans la pensée. »
N'est-ce pas pour le but que tout est produit, dans
l'ordre naturel aussi bien que dans l'ordre intellectuel ? (2) « Voilà pourquoi nous posons en principe que la nature agit pour ce qui est le meilleur
autant que cela lui est possible (3). » Le meilleur,
n'est-ce pas précisément la fin ? (4) La nature, nous
dit maintes fois le philosophe, ne fait ni super-
fluité, ni inutilité, c'est-à-dire sans dessein. « Ni
Dieu, ni la nature n'agissent en vain », dit-il ailleurs (5). Et encore : « La nature opère toujours
avec raison et pour une fin (6). » C'est un de ses
axiomes favoris. Il en est tellement convaincu, que
la nature lui semble un être raisonnable, ayant des
intentions déterminées, qui prévoit ce qu'il y a de
plus parfait (7). Puisqu'il en est ainsi, comprenons-

(1) *Métaphys.*, XI, 8.

(2) *Phys.*, II, 5.

(3) *Phys.*, VIII, 7.

(4) Cf. *De Generat. et Corrupt.*, II, 10 : ἐν ἅπασιν ἀεὶ τοῦ
βελτίονος ὀρέγεσθαι φαμὲν τὴν φύσιν ».

(5) Cf. *De Cœlo*, I, 4. « ὁ δὲ θεὸς καὶ ἡ φύσις οὐδὲν μάτην
ποιοῦσιν ».

(6) *Ibid.*, II, 8 ; II, 11. « ἡ δὲ φύσις οὐδὲν ἀλόγως οὐδὲ μάτην
ποιεῖ ». Cf. *De Cœlo*, II, 12 ; — *De General. et Corrupt.*, I, 7 ;
II, 6 ; II, 9.

(7) *De Cœlo*, II, 9. « τὸ μέλλον ἔσεσθαι προνοούσας τῆς φύσεως ».

nous pourquoi il attribue sans cesse aux œuvres
de la nature la bonté, la beauté ? Comprenons-nous
pourquoi nous rencontrons dans ses écrits des
expressions comme celle-ci (1) : « Il est raisonnable d'admettre que la nature tend le plus possible à produire ce qu'il y a de plus beau (2). »

V. — Nous ne pourrions clore ces considérations
métaphysiques sans mentionner deux notions
qu'Aristote oppose à l'idée du but : celle du nécessaire et celle du contingent (3). Bien que la finalité
règne dans la nature, il reconnaît qu'il y a parfois
des exceptions à sa souveraineté. Pour en rendre
compte, il fait appel à ces deux concepts. La fin, en
vertu même de la nécessité de sa nature, s'incarne
comme forme dans la matière, et celle-ci, quand
elle échappe par hasard à son empire, cause ces
phénomènes qui, dans les choses, n'ont pas atteint
leur but (4).

---

(1) *De Juv. et Senect.*, 4 : « κατὰ δὲ τὸν λόγον, ὅτι ἡ φύσις
ὁρῶμεν ἐν πᾶσιν ἐκ τῶν δυνατῶν ποιοῦσαν τὸ κάλλιστον ».

(2) Cf. sur les notions de Bonté et de Beauté, *Métaphys.*,
XIII, 3. Comme espèces principales de la beauté, Aristote
nous cite : l'ordre, τάξις, la symétrie, καὶ συμμετρία ; la précision, καὶ τὸ ὡρισμένον. Parce qu'elles ont une grande
influence sur la configuration des choses, Aristote fait de la
beauté, à certain point de vue, une cause, τὸ καλὸν αἴτιον
τρόπον τινα. Evidemment elle peut être ramenée à la forme
ou à la fin.

(3) ἀναγκαῖον. — τύχη.

(4) Voir, sur la doctrine d'Aristote du nécessaire et du
contingent, Zeller : *Die Philosophie der Griechen*, II, 2,
p. 330, etc., et 428 et seq., 3ᵉ édit. — Hertling, *loc. cit*,
p. 75 et seq. — Bäumker, *loc. cit.*, p. 267-281.

Il distingue trois espèces de nécessaire :

1º La nécessité de coaction ou la violence. Elle est extrinsèque à l'être et met obstacle à son inclination naturelle;

2º La nécessité intrinsèque qui gît dans l'idée de la chose. Celle-ci ne peut être autre que l'idée qu'elle réalise (1) ;

3º La nécessité de la matière, celle dont il est surtout question ici.

Qu'entend-il par là ? Le voici : « Il existe, nous dit-il (2), une troisième espèce de nécessité dans les choses qui sont produites. C'est ainsi que nous appelons la nourriture nécessaire ; non pas de la nécessité indiquée dans les deux premiers sens, mais parce qu'il n'est pas possible d'exister sans elle. Cette nécessité est hypothétique (3). De même que la cognée destinée à fendre le bois doit être nécessairement dure, et, si elle doit être dure, elle doit être de fer ou d'acier, ainsi le corps, qui n'est qu'un instrument, aura nécessairement telle constitution, et chacune de ses parties sera ordonnée au tout. » La matière est donc une condition nécessaire à considérer dans la réalisation de la fin et de la forme. Si cette forme domine complètement sa matière, il sort de là une œuvre finie, proportionnée, belle. Au contraire, quelque chose est-il soustrait à l'action de la forme ? Nous obtenons alors un résultat en dehors du but préconçu,

(1) Cf. *Métaphys.*, V, 5 ; — Λ₁, 8.
(2) *De Part. anim.*, I, 1.
(3) ἐξ ὑποθέσεως.

l'effet d'une nécessité aveugle. C'est ainsi que le philosophe ramène les œuvres défectueuses de la nature, les monstres, par exemple, à la dépendance défectueuse de la matière vis-à-vis de la forme.

La matière est cause du hasard, du contingent (1). Par contingent, le philosophe entend ce qui n'appartient pas nécessairement à l'essence d'une chose ; ce qui peut lui convenir ou ne pas lui convenir ; ce qui ne lui arrive ni toujours, ni la majeure partie du temps (2). On l'appelle hasard pour indiquer que l'action dirigée vers un but déterminé en atteint un autre qui n'est pas le sien (3). S'il s'agit d'une action volontaire et préméditée (4), il préfère le mot fortune (5), laissant à hasard (6) un sens plus ample et plus général. La matière donc, cause du contingent, est de soi, indéterminée et indifférente. Elle peut revêtir des formes diverses et opposées (7). Cette indétermination lui permet de tendre à un but ; mais, sur le chemin, peuvent se présenter des déterminations imprévues. C'est alors l'effet du hasard. Mais, pourrait-on objecter : Rien, dans la nature, n'arrive selon l'ordre naturel ; chez les êtres animés

(1) συμβεβηκος, τὸ ἀπὸ τύχης, τ'αὐτόματον.

(2) Cf. *Métaphys.*, V, 30 ; — *De cœlo*, I, 12.

(3) Cf. *Métaphys.*, V, 30. Quelqu'un creuse-t-il un trou pour y planter un arbre et tombe-t-il sur un trésor, c'est un hasard, dit Aristote. Cf. etiam *Phys.*, II, 5.

(4) κατὰ προαίρεσιν.

(5) τύχη.

(6) αὐτόματον. *Phys.*, II, 6.

(7) *Métaphys.*, VI, 2.

seuls, ces effets contingents ne se rencontrent pas.
A cela nous répondrons avec Aristote : « (1) C'est
impossible. Aussi bien dans la nature que chez les
êtres vivants, tout se produit selon l'ordre voulu.
Au moins il en est ainsi la plupart du temps. »
« (2) La contingence n'a pas la prédominance. Ce
qui arrive toujours ou presque toujours ne peut
être contingent. » « La nature n'agit pas au hasard (3). » En résumé, la forme prédomine la
matière. La tendance a une fin déterminée, voilà la
règle générale de la nature. Le hasard n'est qu'une
exception à cette règle (4).

VI. — Nous avons exposé les notions fondamentales et les axiomes métaphysiques concernant la
téléologie d'Aristote. Reste son application à la
philosophie naturelle, et son emploi de l'induction
pour la cause finale. Un coup d'œil jeté sur son
étude de la nature, point qui nous occupe, nous
constaterons trois idées, trois pensées capitales :

1° Chaque individu est à lui-même sa propre fin.
Cette fin est interne et immanente. Elle consiste

---

(1) *Phys.*, II, 8. « τῶν δ' ἀπὸ τύχης καὶ τοῦ αὐτομάτου
οὐδέν.

(2) *De Cœlo*, II, 8.

(3) *Ibid.* « οὐδὲν γὰρ ὡς ἔτυχε ποιεῖ ἡ φύσις ».

(4) Nous devons considérer la nature dans toutes ses
complications multiples, car nous ne découvrirons ses lois
que dans la totalité de ses effets ou dans la plus grande
partie de ses manifestations, « ἢ γὰρ ἐν τῷ παντὶ ἢ ὡς ἐπὶ τὸ
πολὺ τὸ κατὰ φύσιν ἐστίν ». Remarque précieuse du philosophe pour la constatation des lois générales de l'univers.
De Part. anim., III, 2.

dans sa perfection à lui, donc dans son essence, donc dans sa forme substantielle ;

2° Dans l'organisme de l'individu, chaque partie a en elle-même un but immédiat ; elle est ordonnée à une autre partie. L'organe inférieur est pour l'organe supérieur. Enfin toutes les parties ensemble sont pour le tout. C'est ce qui se passe dans tout l'univers. Les individus sont ordonnés les uns aux autres, les inférieurs ont pour fin ceux qui leur sont supérieurs. Tous ensemble doivent aspirer à la perfection de tout ; de sorte que l'univers entier marche avec ordre à son but ;

3° Il est impossible cependant de superposer une série infinie de fins. Nous devons ordinairement aboutir à une fin ultime supérieure transcendante, Dieu.

Chacune de ces idées fera l'objet d'un chapitre (1).

(1) Cet aperçu est mis en lumière par saint Thomas dans la *Somme théologique*, I, q. 65, art. 2. Cet article traite la question de la fin de la créature corporelle : « Utrum creatura corporalis sit facta propter Dei bonitatem. » L'angélique docteur réfute d'abord Origène et les Priscillianistes. Ils prétendaient que la création des choses corporelles n'était pas dans les intentions premières de Dieu. Elles ont été faites pour le châtiment du péché des créatures spirituelles. Ceci exposé, le docteur continue : « Unde hac positione remota, tanquam erronea, considerandum est quod ex omnibus creaturis constituitur totum universum, sicut totum ex partibus. Si autem alicujus totius et partium ejus velimus finem assignare, inveniemus, primo quidem, quod singulæ partes sunt propter suos actus, sicut oculus ad videndum : secundo vero, quod pars ignobilior est propter ignobiliorem ; sicut sensus propter intellectum, et pulmo propter cor : tertio vero omnes partes sunt propter perfectionem totius, sicut et materia

CHAPITRE II

La Finalité immanente dans l'Univers, spécialement dans les Êtres organisés

Étude comparée avec les sciences zoologiques et anthropologiques.

I. — Les corps inorganiques ont un but et une forme identiques : c'est leur fin immanente. C'est, en un mot, leur essence propre, leur perfection spécifique. Mais ce domaine est moins exploité par Aristote. C'est dans le monde organisé surtout qu'il met à profit les moindres détails et les fait valoir pour le téléologisme (1).

propter formam ; partes enim sunt quasi materia totius. Ulterius autem totus, homo est propter aliquem finem extrinsecum ; puta ut fruatur Deo. Sic igitur et in partibus universi unaquæque natura est propter suum actum et perfectionem. Secundo autem, creaturæ ignobiliores sunt propter nobiliores ; sicut creaturæ quæ sunt infra hominem sunt propter hominem. Singulæ autem creaturæ sunt propter perfectionem totius universi. Ulterius autem, totum universum cum singulis suis partibus ordinatur in Deum, sicut in finem ; in quantum in eis per quandam imitationem divina bonitas repræsentatur ad gloriam Dei. Quamvis creaturæ rationales speciali quodam modo supra hoc habeant finem Deum, quem attingere possunt sua operatione cognoscendo et amando. Et sic patet quod divina bonitas est finis omnium corporalium. »

(1) Biese remarque avec justesse (*loc. cit.*, II, p. 90 et seq.) que, dans tout processus des formes de la nature inorganique, il y a chaleur et froid. Comme elle est mise en mouvement par l'influx du ciel, cet influx représente la cause

II. — Dès le début se présente à nous le degré inférieur de la vie, le règne végétal. Aristote ne met pas, à l'instar des mécanistes, une simple différence accidentelle et graduelle entre les êtres inorganiques et organiques et leurs divers échelons. La distinction, pour lui, est essentielle, bien que peu manifeste, aux degrés infimes. Elle est évidente surtout dans l'âme, principe vital de l'organisme. Il l'a défini : L'acte premier du corps naturel ayant la vie en puissance : « ψυχή ἐστιν ἐντελέχεια ἡ πρώτη σώματος φυσικοῦ δυνάμει ζωὴν ἔχοντος (1). » Un tel corps qui a en lui la possibilité de vivre ne peut être qu'un corps organisé; aussi le philosophe ajoute t-il ailleurs ces mots : « L'acte premier du corps naturel organisé », « σώματος φυσικοῦ ὀργανικοῦ ». L'âme est la forme substantielle du corps ; voilà pourquoi Aristote introduit la théorie de la matière et de la forme dans l'anthropologie.

Il distingue trois degrés dans le monde organique : La plante avec l'âme nutritive et végéta-

motrice; les éléments terrestres, la cause matérielle. La finalité ne ressort pas encore de là. Les phénomènes n'apparaissent que comme l'effet nécessaire de la matière. Ils sont le produit de ses diverses conditions de température, de densité, de circonstance de lieu, etc. Voir, en particulier, la *Météréologie* d'Aristote.

(1) *De Anima*, II, 1. Saint Thomas commente ainsi cette définition : « Sciendum autem quod philosophus dicit animam esse primum actum, non solum ut distinguat animam ab actu, qui est operatio, sed etiam distinguat eam a formis elementorum, quæ semper habent suam actionem nisi impediantur. » Voir aussi l'ouvrage déjà cité de Hertling : *Materie und Form und die Definition der Seele bei Aristoteles* . »

tive (1). L'animal irrationnel qui a, de plus, la perception et l'appétition sensibles et le mouvement local (2). L'homme, qui possède en outre la raison (3). L'âme, supérieure, en effet, a, selon le Stagirite, les perfections des degrés inférieurs, plus sa perfection propre ; ce qui nous permet d'appeler l'homme un microcosme (4).

Mais reprenons la définition donnée ; il est très intéressant d'y retrouver la théorie des causes (5). L'âme est, en premier lieu, forme substantielle. Elle est aussi cause motrice et finale. « L'âme est principe et cause du corps vivant, et cela de diverses manières. Elle est principe et cause du mouvement, elle est fin, elle est forme du corps animé. » La forme et la fin, avons-nous dit, sont une même réalité. Le corps, lui, tient lieu de matière ; il nous est dès lors facile de comprendre pourquoi le philosophe désigne l'âme comme fin du corps. Celui-ci est son instrument (6), et toutes ses fonctions sont ordonnées comme à leur but. Nous retrouvons ainsi la doctrine de la finalité dans le domaine de la vie et de la psychologie.

Il est manifeste que l'âme est cause formelle. Le principe de l'être, c'est la forme. Mais la vie est, chez les vivants, leur être, leur cause, leur prin-

---

(1) τὸ θρεπτικόν.
(2) τὸ αἰσθητικόν, τὸ ὀρεκτικόν, το κινητικόν.
(3) νοῦς.
(4) Voir *De Ani.*, III, 12 ; — *De Hist. ani.*, VIII, 1.
(5) *De Ani.*, II, 4.
(6) *De Ani.*, II, 4.

cïpe. C'est là précisément le rôle de l'âme. Il n'est pas moins évident qu'elle est cause motrice. Elle est enfin cause finale, en voici une preuve patente. Comme une intelligence agit pour un but, ainsi fait la nature, et c'est là sa fin. Cette proportion se reproduit pour l'âme. Tous les corps naturels sont ses instruments. L'animal est pour son âme ; la plante pour la sienne. En effet, nous distinguons deux choses dans la fin : la chose qui est et ce en vue de quoi elle est. Dans l'âme, nous découvrons ces deux aspects. Elle est ce qui est, puisqu'elle donne l'être au corps, et celui-ci est pour elle (1).

Le propre de la plante, c'est la vie à son degré le plus inférieur ; c'est la vie purement végétative. En général, la vie consiste dans le mouvement immanent d'un être qui se nourrit, croît et décroît (2). Dans la plante, l'âme végétative (3) est le principe. Elle est aussi le fondement de toute vie.

---

(1) « καὶ γὰρ ὅθεν ἡ κίνησις αὐτή, καὶ οὗ ἕνεκα, καὶ ὡς ἡ οὐσία τῶν ἐμψύχων σωμάτων ἡ ψυχὴ αἰτία. Ὅτι μὲν οὖν ὡς οὐσία, δῆλον · τὸ γὰρ αἴτιον τοῦ εἶναι πᾶσιν ἡ οὐσία, τὸ δὲ ζῆν τοῖς ζῶσι τὸ εἶναι ἐστιν, αἰτία δὲ καὶ ἀρχὴ τούτων ἡ ψυχή. Ἔτι τοῦ δυνάμει ὄντος λόγος ἡ ἐντελέχεια. Φανερὸν δ᾽ ὡς καὶ οὗ ἕνεκεν ἡ ψυχὴ αἰτία. Ὥσπερ γὰρ ὁ νοῦς ἕνεκά του ποιεῖ, τὸν αὐτὸν τρόπον καὶ ἡ φύσις, καὶ τοῦτ᾽ ἐστιν αὐτῇ τέλος · τοιοῦτον δ᾽ ἐν τοῖς ζώοις ἡ ψυχῇ καὶ κατὰ φύσιν. Πάντα γὰρ τὰ φυσικὰ σώματα τῆς ψυχῆς ὄργανα, καὶ καθάπερ τὰ τῶν ζώων, οὕτω καὶ τὰ τῶν φυτῶν, ὡς ἕνεκα τῆς ψυχῆς ὄντα. Διττῶς δὲ τὸ οὗ ἕνεκα, τό τε οὗ καὶ τὸ ᾧ ». Cf. De Part. ani., I, 5.

(2) De Ani., II, 1. ζωὴν δὲ λέγομεν τὴν δι᾽ αὐτοῦ τροφήν τε καὶ αὔξησιν καὶ φθίσιν.

(3) ψυχὴ θρεπτική.

Ses fonctions sont la nutrition et la génération (1).
La nutrition est ordonnée à la conservation de
l'individu ; la génération à celle de l'espèce. Par la
perpétuité de l'espèce, les vivants participent de
l'éternité et de l'immutabilité de Dieu. Ainsi considérées, la production de la semence et la multiplication des individus, c'est-à-dire le maintien de
l'espèce, deviennent, pour Aristote (2), le but de la
vie de la plante. L'individu est pour l'espèce. « La
reproduction d'un semblable à soi est une fin ; et
puisque toute chose est dénommée avec justesse
par sa fin, pourquoi la première âme, celle du
premier producteur, ne serait-elle pas semblable à
cette fin ? (3) »

Il est à regretter que l'ouvrage d'Aristote concernant la finalité des organes de la plante ne soit
point parvenu jusqu'à nous. Il nous eût fourni de
précieux renseignements (4) pour la solution du

---

(1) Ἡ γὰρ θρεπτικὴ ψυχὴ καὶ τοῖς ἄλλοις ὑπάρχει, καὶ πρώτη
καὶ καινοτάτη δύναμίς ἐστι ψυχῆς, καθ᾽ ἣν ὑπάρχει τὸ ζῆν
ἅπασιν · ἧς ἐστιν ἔργα γεννῆσαι καὶ τροφῇ χρῆσθαι.

(2) *De Ani.*, II, 1.

(3) ἐπεὶ δὲ ἀπὸ τοῦ τέλους ἅπαντα προσαγορεύειν δίκαιον, τέλος
δὲ τὸ γεννῆσαι οἷον αὐτὸ, εἴη ἂν ἡ πρώτη ψυχὴ γεννητικὴ οἷον αὐτο.
Cf. *De Gener. ani.*, II, 1.

(4) Blese dit de cet écrit, *loc. cit.*, vol. II, p. 131 : « Les
deux livres περὶ φυτῶν sont, si nous examinons leur rédac-
tion, sujets à caution. Cependant, il s'y trouve· maints passages qui portent l'empreinte aristotélicienne. A cause de
cela, ils ont servi de termes de comparaison. Aristote fait
plusieurs fois allusion à la composition d'un ouvrage sur les
plantes, par ex. : *Hist. ani.*, V, 1 ; — *De Part. ani.*, II, 10 ;
— *De Juvent. et Senect.*, c. 6 ; — *De Generat. ani.*, I, 1,
et I, 23. » Zeller est plus tranchant : « Les livres perdus sur

problème en question. Un texte des *Physiques*, II, 8, nous le fait pressentir. « Chez les plantes, nous dit le philosophe, il appert que l'utile est produit pour un but. Les feuilles, par exemple, sont destinées à protéger les fruits. Puisqu'il en est ainsi de toutes choses dans la nature, qu'elles agissent pour une fin ; puisque l'hirondelle construit son nid et l'araignée tisse sa toile pour leur progéniture, la plante produit des feuilles pour ses fruits ; puisque les racines poussent non pas vers le ciel, mais descendent dans les profondeurs du sol pour y puiser la nourriture, n'est-il pas manifeste qu'une telle cause, une cause finale, préside à toute génération et à toute existence (1) ? » Cependant, comme le fait remarquer ici Aristote, cette causalité est moins apparente dans la plante (2). Elle devient plus évidente au degré supérieur de la vie, dans le règne animal. Ce que la suite nous montrera.

---

les plantes, dit-il (*loc. cit.*, II, 2, p. 98), sont postérieurs comme composition, bien que, dans l'ordre logique, ils précèdent les écrits sur les animaux. » Notre texte actuel des deux livres περὶ φυτῶν, ajoute-t-il dans une longue note, même le plus vieux texte latin, a passé par les mains de deux ou trois traducteurs et n'est pas d'Aristote... » Rose, p. 177, est encore plus catégorique et pense qu'Aristote n'a nullement traité des plantes, ce qui est peu vraisemblable. Zeller aime mieux croire que le texte primitif a dû être perdu dès le quatrième siècle avant Jésus-Christ.

(1) καὶ ἐν τοῖς φυτοῖς φαίνεται τὰ συμφέροντα γινόμενα πρὸς τὸ τέλος, οἷον τὰ φύλλα τῆς τοῦ καρποῦ ἕνεκα σκέπης.

(2) καὶ ἐν τοῖς φυτοῖς ἔνεστι τὸ ἕνεκά του, ἧττον δὲ διήρθρωται. Sur le développement du germe de la plante, voir *De Gener. ani.*, II, 4. Nous reviendrons plus loin sur cet important passage.

III. — Avant de pénétrer dans ce domaine, notons la valeur de l'écrit *Des parties des animaux*, « περὶ ζῴων μορίων ». Il contient des pensées magistrales sur la finalité dans la nature (1). Le livre premier surtout est à étudier. Son importance est telle, que le Dr Külb, dans les préliminaires de la traduction et du commentaire qu'il en fait, ne craint pas de le considérer comme l'introduction générale à tous les livres d'histoire naturelle du philosophe (2). Il le fait précéder par l'*Histoire des animaux*, car ce dernier écrit n'a pas d'introduction. On est jeté à brûle-pourpoint dans le sujet, ce qui est contre la manière de procéder d'Aristote. Toujours il commence ses principaux écrits par une préface dans laquelle il rappelle son système philosophique et l'applique au sujet présent ; puis il ajoute quelques indications sur sa manière de traiter. Le même auteur trouve encore que le premier livre de l'*Histoire des animaux* est la suite naturelle de celui-ci ; tandis que le livre second de cet ouvrage, c'est-à-dire *Des parties des animaux*, n'est nullement la continuation du premier. Il s'ouvre en effet ainsi, par mode d'introduction : « De combien et de quelles parties se compose chaque animal, le livre de leur *Histoire* nous le

(1) Aristote distingue entre τὸ ζῆν et τὸ ζῷον. Le premier désigne la base commune de toute vie, la vie végétative. Le second y ajoute la notion de sensibilité. De là nous rencontrons chez le philosophe ces expressions pour nommer les plantes : τὰ ζῶντα ou ἔμψυχα. ζῷον représente le concept spécifique des sensibles sous lequel est classé l'animal irrationnel et l'homme. Cf. Biese, *loc. cit.*, c. II, vol. II, p. 120.

(2) Collection d'Osiander et Schwab, p. 1098 et seq.

dira plus exactement. Mais pourquoi chacune des parties se comporte-t-elle de telle ou telle façon ? C'est le moment d'en parler explicitement, quoi que nous ayons dit dans leur *.istoire*. » Le traité des *Parties des animaux* est donc, en quelque sorte, la philosophie des faits rapportés dans l'écrit sur leur histoire. Ainsi, le deuxième livre, *Des parties des animaux*, doit suivre l'*Histoire des animaux*.

Ces explications du Dr Külb nous paraissent convaincantes (1). Ce premier livre contient une introduction générale à la zoologie. Il est interpolé de quelques parenthèses sur les activités vitales de l'âme et ses diverses phases ; ce qui n'a pas dû originairement y avoir place (2).

Mais ouvrons-le, au chapitre Ier, par exemple : « Nous avons constaté, y lisons-nous, plusieurs causes de la génération, comme celle en vue de quoi elle se produit (la fin), et celle qui est principe du mouvement. Laquelle est la première, laquelle la seconde ? C'est ce qu'il faut déterminer. Dès l'abord, nous observons que la première est celle que nous désignons par le terme « fin ». C'est une idée, et l'idée est le point de départ tant des productions de la nature que des œuvres d'art.

(1) Voir Zeller, *Geschichte der griech. Philos.*, II, 2, p. 97.

(2) Voir Spengel, *Sur la suite logique des écrits d'histoire naturelle d'Aristote, Abhandlung der Münchener Akademie*, VI, p. 159 et seq.

Clément Bäumker (Breslau), nous fait déjà remarquer que Titze, en 1819, faisait du premier livre des *Parties des animaux* une introduction générale aux écrits zoologiques du philosophe.

Quand le médecin a déterminé les moyens de guérison par l'observation et la raison, et l'architecte
le plan de l'édifice, leur concept n'est-il pas la
cause de leurs actions et le pourquoi de leur activité ? *A fortiori* le but et le beau le sont-ils dans
les œuvres de la nature. » Il n'est pas sans intérêt
de suivre le philosophe prouvant que partout où il
y a priorité idéale de la fin, il y a ordination des
moyens à cette fin. Dans les œuvres d'art, « c'est
d'abord une chose qui doit être faite et mise en
mouvement, puis une autre, et ainsi de suite,
jusqu'à ce que le but pour lequel elles sont destinées soit atteint. Il en est de même dans la
nature... » « Parce que la santé exige telle disposition, parce que l'homme est ainsi constitué, c'est
ceci et cela qui doit arriver nécessairement, et non
pas parce que ceci ou cela se produit, l'homme et
sa santé seront nécessairement tels... » « Parce que
la maison a tel plan et telle architecture, elle se
développera de telle façon, car la génération d'un
être est ordonnée à son existence et à sa substance,
et non pas son existence à sa génération (1). Aussi
Empédocle est-il dans l'erreur quand il prononce
que bien des choses se présentent chez les animaux
parce que le hasard a fait son œuvre pendant la
génération ; que, par exemple, l'épine dorsale est
composée de pièces distinctes parce que le hasard
l'a produite par morceaux. Il méconnaît la valeur
du germe formateur et ce qu'il contient dans sa

_____

(1) ἡ γὰρ γένεσις ἕνεκα τῆς οὐσίας ἐστίν, ἀλλ᾽ οὐχ ἡ οὐσία
ἕνεκα τῆς γενέσεως.

puissance: Ce germe doit être préexistant non seulement dans l'ordre idéal, mais même dans le temps. L'homme engendre l'homme, et parce que l'un est ainsi constitué, la génération de l'autre se fera suivant des lois déterminées ... » « Il s'ensuit que l'homme ayant telle formation, sa génération sera, de toute nécessité, en conformité avec elle ; c'est pourquoi une partie sera formée d'abord, puis une autre, selon l'ordre voulu par la fin. Ainsi en est-il de toute production naturelle. »

Remarquons ici qu'Aristote insiste sur la finalité à l'encontre de toutes les explications mécanistes de la nature. Les partisans de ce système, n'admettant que les causes matérielles et motrices, disent : « Parce que, par un hasard ou une aveugle nécessité, ceci et cela s'est produit, maintenant les mêmes effets se renouvellent. » Aristote réplique : « Parce que cette fin doit être atteinte, ceci se produit. » Un charpentier est plus logique que ces observateurs de la nature. « Il ne se contente pas de dire que ce morceau de bois deviendra creux, tel autre aura du relief, parce que son instrument le travaille et que son ciseau le fouille ; il aura soin de dire encore la raison pour laquelle son instrument doit travailler et son ciseau fouiller ainsi.

Les chapitres II, III et IV traitent de la division des animaux. Avant d'entreprendre ses recherches sur chacun d'eux (dans l'*Hist. des animaux*), remarquons au chapitre V quelques observations magistrales au point de vue la finalité.« Nous avons déjà parlé des corps célestes et fait part de nos opinions. Il nous reste à traiter du règne animal sans négliger les moindres détails. La minutie n'est pas à dédaigner dans le domaine du sensible ; et pour qui veut entrer dans la connaissance des causes, elle offre d'indicibles jouissances. Ce serait chose peu fondée, même insensée, nous le croyons, de nous extasier devant les imitations de la nature, d'admirer les œuvres de peinture ou d'architecture, et de ne pas jouir davantage des beautés naturelles dès que nous sommes capables d'en connaitre les causes. Il serait donc puéril de mépriser l'observation des animaux inférieurs. Toutes les choses de la nature sont pleines de merveilles. Elles nous rappellent le mot d'Héraclite à ses hôtes. Ceux-ci, le visitant, demeuraient debout sur le seuil de sa maison, tandis que lui restait assis près de l'âtre pour se chauffer. Il les pria d'entrer sans crainte. « Dans ce lieu aussi, dit-il, il y a des dieux. » Nous aussi, sans négligence, nous devons observer chaque mouvement des animaux. En tous il y a de l'utile et du beau, car ce n'est pas le hasard, mais l'idée du but qui resplendit dans les œuvres de la nature avec une prééminence marquée. Et le but, ce en vue de quoi une chose est ou devient, appartient au domaine du beau (1). »

L'observation du monde a donc, pour le philosophe, une si haute importance parce qu'il découvre l'empreinte de la finalité dans les êtres les moins apparents. Arrivé au terme du livre Iᵉʳ, il conclut :

_____

(1) « τὸ γὰρ μὴ τυχόντως ἀλλ᾽ ἕνεκά τινος ἐν τοῖς τῆς φύσεως ἔργοις ἐστὶ καὶ μάλιστα. Οὗ δ᾽ ἕνεκά συνέστηκεν ἢ γέγονε τέλους, τὴν τοῦ καλοῦ χώραν εἴληγεν ».

« Chaque instrument est déterminé à un but, chaque partie du corps à une fin. Mais la fin est un acte. Le corps donc doit être formé en vue d'une fin complète. L'action de scier n'est pas ordonnée à la scie, mais, au contraire, la scie est faite pour scier. Elle a un but utilitaire. De même le corps est là pour l'usage de l'âme, et chaque organe pour la fonction à laquelle elle est destinée (1).

L'*Histoire des animaux*, nous l'avons dit, se rattache au livre premier des *Parties des animaux*. De cet ouvrage, moins riche que le précédent de réflexions philosophiques, mais plus complet comme observations et faits constatés, et sur lequel nous reviendrons, nous extrayons pour le moment le texte suivant. Il se rapporte à celui cité plus haut. Quelles sont les fins principales auxquelles tendent l'ensemble des activités de l'animal ? A cette question, Aristote donne une réponse claire et précise. Après avoir traité, aux livres V, VI et VII de cette *Histoire*, de la reproduction des animaux, et, au livre VIII, de leur nourriture, il se résume ainsi : « Les activités de ceux-ci se rapportent à la conservation de l'espèce et à la multiplication des individus, à la recherche de la nourriture, à la protection contre le froid ou la chaleur, à l'échange des saisons. » Par ces derniers mots, le philosophe fait allusion aux habitations et aux lieux d'arrêt des animaux, particulièrement aux

---

(1) Ἐπεὶ δὲ τὸ μὲν ὄργανον πᾶν ἕνεκά του, τῶν δὲ τοῦ σώματος μορίων ἕκαστον ἕνεκά του, τὸ δ' οὗ ἕνεκα πρᾶξίς τις, φανερὸν ὅτι καὶ τὸ σύνολον σῶμα συνέστηκε πράξεώς τινος ἕνεκα πλήρους.

migrations des oiseaux. Ainsi il a bien marqué la
fin principale de la vie animale : Conservation et
multiplication de l'individu, conservation de l'espèce. La forme substantielle de l'animal repré-
sentée par les individus et par l'espèce, tel est le
but immanent de la vie des animaux.

Mais revenons à l'écrit sur les *Parties des animaux*.
Après avoir considéré l'idée générale qui domine
le règne animal, au livre Iᵉʳ, voyons l'application
des principes aux faits particuliers, et sur quelle
base le philosophe les établit. En même temps,
nous constaterons la valeur de la méthode inductive dans son *Histoire des animaux*. Aristote prend
pour point de départ les parties et les organes particuliers d'un animal, et les compare aux parties et
organes respectifs des autres animaux. Il n'étudie
pas d'abord une espèce, puis une autre, mais un
organe d'une espèce et le même organe d'une autre
espèce. Aussi, selon la juste expression de Zeller (1),
est-ce plutôt un traité d'anatomie et de physiologie
comparée qu'une description simple du règne
animal.

Voici l'un de ses principes fondamentaux. La
nature ne fait rien de superflu, d'inutile et sans
but. Toujours elle tend au meilleur. Ainsi il nous
fait remarquer (2) que l'accouplement n'a pas lieu
à la même époque pour tous les animaux. Pour
les uns c'est au printemps, pour les autres en
automne ; « et cela selon le temps requis pour la

(1) Zeller, *loc. cit.*, II, 2, p 92.
(2) *Hist. ani.*, V, 33.

ponte ou la portée, selon l'époque la plus favorable
au développement et à la nutrition des petits (1). »
Ailleurs encore il y revient. « (2) Les animaux ne
choisissent pas tous la même époque pour s'appai-
rer, en raison même du temps qui leur est le plus
propice pour trouver la nourriture des petits. »
L'habitation lui fournit aussi des preuves de la
finalité. « Les animaux, en effet, demeurent au lieu
que la nature leur a destiné... » « Les palmipèdes
fréquentent les bords de la mer, des rivières et des
lacs. La nature elle même veut ce qui est le plus
avantageux (3). » « La nature conserve toute chose
en son lieu propre. » Chaque animal a donc sa
place déterminée de par les soins de la nature, et
non de par les caprices du hasard. Un autre principe déjà mentionné est celui-ci : l'acte a la priorité sur la puissance, *actus prior quam potentia*,
auquel se rattache le suivant : Le tout précède la
partie. Attendons-nous ici à ce que le philosophe
en fasse ressortir toute la portée dans le domaine
de la vie organique. C'est le cas précisément,
De Gener. ani., II, 4 : « Dès que le germe est formé,
dit-il, les choses se passent comme pour la semence
confiée à la terre. Elle contient le principe de la
plante. Elle en est le commencement ; et de ce
commencement, qui renferme l'idée du tout, sor-
tent les tiges et les racines. Puis, par les racines,
elle puise sa nourriture, car elle doit grandir et

(1) *Ibid.*, VI, 18.
(2) *De Gener. ani.*, II, 6 ; IV, 8.
(3) *De Respirat.*, c. 14.

augmenter. Ainsi dans le genre animal est contenu
l'idée de toutes les parties. Il est le commencement
de leur évolution. Le cœur est alors formé et posé
dans l'existence (1).

(1) ὅταν δὲ συστῇ τὸ κύημα ἤδη παραπλήσιον ποιεῖ τοῖς σπειρομέ
νοις ἡ μὲν γὰρ ἀρχὴ καὶ ἐν τοῖς σπέρμασιν ἐν αὐτοῖς ἐστιν ἡ πρώτη.
Ὅταν δ᾽ αὕτη ἀποκριθῇ ἐνοῦσα δυνάμει πρότερον, ἀπὸ ταύτης
ἀφίεται ὅτε βλαστὸς καὶ ἡ ῥίζα. Αὕτη δ᾽ ἐστὶν ᾗ τὴν τροφὴν
λαμβάνει. Δεῖται γὰρ αὐξήσεως τὸ φυτόν. Οὕτω καὶ ἐν τῷ κνήματι
τρόπον τινά πάντων ἐνόντων τῶν μορίων δυνάμει ἡ ἀρχὴ προ
οδοῦ μάλιστα ἐνυπάρχει. Διὸ ἀποκρίνεται πρῶτον ἡ καρδία
ἐνεργείᾳ.

Les découvertes nouvelles ne font que confirmer la doctrine aristotélicienne de la prééminence du tout et de la finalité. « Examinons la gaine d'une plante, dit Berthold (*Die
Herrschaft der Zweckmässigkeit in der Natur*, Gorres-
Gesellschaft, 1879, p. 20), avant le commencement de son
développement. Elle est déjà constituée et disposée pour le
devenir, et pour toute la suite de toute l'évolution de la
plante, ce qui prouve un plan préconçu avec une extraordi-
naire intelligence. Longtemps avant la production des
premières feuilles, nous constatons dans les petites tiges des
jeunes et frêles plantes, dans leurs bourgeons, l'ébauche de
ce qui formera chez la plante parfaite les rameaux avec
toutes leurs branches ascendantes ou descendantes. C'est
comme les premiers linéaments de cette merveilleuse architecture que nous voyons chez la plante. De ce système de
bourgeons et de faisceaux de feuilles, avec leur liaison et leur
ordre, dépend la loi de leur arrangement et de leur insertion
sur la tige, avec leur rectitude mathématique. De cette insertion enfin dépend l'ordre des boutons et des rameaux ; bref,
de tout l'édifice extérieur de la plante. Un examen attentif
nous apprend que les différentes dispositions des branches et
des feuilles, prédéterminées par l'idée primitive, ont un but.
Elles permettent à chaque feuille, quel qu'en soit le nombre,
de jouir de la lumière et de l'air, sans abandonner son principe de vie, et de ne point être obstacle aux autres feuilles
et branches. Mais cette disposition est déjà déterminée avant
que les feuilles ne soient, et que la lumière, l'atmosphère, la

Le développement de l'œuf chez les animaux met encore davantage ces principes en lumière. « Toutes les espèces d'oiseaux se forment également d'un œuf. Il n'y a de différence que dans le temps nécessaire à l'éclosion, comme il a été dit. Dans l'œuf de la poule, les premiers signes de la formation du poulet commencent à paraître après trois jours et trois nuits. Ils sont plus tardifs dans les oiseaux plus gros, plus précoces dans les plus petits. A cette époque, le jaune est monté vers la partie aiguë, commencement de l'œuf ; c'est là que le petit éclot. On y voit d'abord dans le blanc une espèce de point rouge sang ; c'est le cœur. Ce point tressaille et se meut, comme s'il était animé. Il donne naissance, tandis qu'il croît, à deux vaisseaux sanguins, de la nature des veines, qui for-

pesanteur et l'électricité ne puissent exercer sur elles leur influence.

Voir aussi Trendeleburg, *Logische Untersuchungen*, IX, La fin, 2ᵉ vol., p. 14 et seq. Cet exposé, d'ailleurs, n'est que le résumé de ce qui a été écrit depuis Aristote, et dans son sens, jusqu'à nos jours sur la finalité. L'auteur remarque, entre autres choses, que dans les diverses semences gisent les différentiations de chaque espèce, et tout le processus de leur évolution est guidé à chaque instant par cette idée du tout. Il est donc évident, pour se servir de l'expression du philosophe, que le tout a la priorité sur la partie dans la semence, son développement nous le montre. — Voir aussi Hertling, *Die Grenzen der mechanischen Naturerklarung*. Il dit, dans cet important écrit : « Chacun des mots d'Aristote atteint au plus profond la conception mécaniste. Le tout ne peut précéder la partie qu'en tant qu'idée conçue par une intelligence préexistante, qui a ordonné les parties au tout et déterminé les activités de la nature à la production de ces parties,

ment plusieurs contours et se portent à chacune
des enveloppes. Vers le même temps, le blanc est
entouré d'une membrane qui a des fibres sanguines
dont les vaisseaux veineux sont le principe (génération des veines, des artères). Peu après on distingue le corps du poulet ; il est encore très petit et
blanc ; cependant on distingue parfaitement la
tête et, dans la tête, les yeux, qui sont très sail-
lants. Ils demeurent longtemps en cet état ; ce
n'est qu'après plusieurs jours qu'ils diminuent et
s'affaissent. La partie inférieure du corps est alors
disproportionnée à la partie supérieure. (Elle ne
se développe pas aussi vite que les membres du
haut et la tête.) Des deux vaisseaux qui partent du
cœur, l'un se porte à la membrane extérieure,
l'autre va vers le jaune et sert de cordon ombilical. C'est donc le blanc qui contient le principe
de l'animal ; le jaune lui fournit la nourriture par
le nombril. Le dixième jour de l'incubation, on
voit distinctement le poulet entier et toutes ses
parties. La tête est encore trop grosse pour le reste
du corps, et ses yeux démesurés pour sa tête et
dépourvus de puissance visuelle. Ceux-ci sont plus
gros qu'une fève et de couleur noire. La peau qui
le couvre étant enlevée, on ne trouve dessous
qu'une liqueur blanche et froide, très brillante à la
lumière, mais rien de ferme. Tel est l'état de la
tête et des yeux. On reconnaît, dès ce moment, les
viscères, l'estomac et les parties qui lui appartiennent, les intestins. Les veines qu'on voyait
partir du cœur s'approchent alors du nombril,
d'où partent deux veines dont la première va à la

membrane qui renferme le jaune (le jaune alors devient liquide et plus riche en principes nutritifs qu'en temps ordinaire). La seconde veine se rend à une membrane qui enveloppe et la membrane où le poulet est renfermé et celle qui contient le jaune et la liqueur dans laquelle nagent l'une et l'autre. (Cette membrane est celle de la vessie, l'allantoïs). A mesure que l'accroissement insensible du petit s'opère, le jaune se partage vers le haut et vers le bas, et il s'insinue entre eux une liqueur blanche. Au-dessous de la partie inférieure du jaune est encore du blanc comme il y en avait d'abord ; mais au dixième jour ce blanc diminue : déjà il est visqueux, épais et jaunâtre. Voici donc, au dixième jour, la distribution des différentes parties de l'œuf. La première et la dernière chose qu'on trouve auprès de la coquille, c'est la pellicule de l'œuf.

Je ne parle point de celle qui est attenante à la coquille, qui enveloppe encore celle dont il s'agit. Celle-ci contient une liqueur blanche, puis le poulet, mais enfermé dans une peau qui le sépare de ce liquide. Au-dessous du petit se trouve le jaune, auquel aboutit une des veines qui ont été décrites, tandis que l'autre se porte au blanc qui est autour. On trouve d'abord la membrane qui enferme le tout et une humeur qui a la nature de la lymphe, ensuite la membrane qui enferme l'embryon et qui, comme j'ai dit, le sépare des substances liquides ; au-dessous est le jaune, enveloppé d'une troisième membrane. C'est là que se porte le cordon ombilical, qui part du cœur et de

la grande veine. L'embryon ne nage donc ni dans
l'une, ni dans l'autre de ces liqueurs (1).

Le vingtième jour venu, si l'on détache une
partie de la coquille et qu'on touche le poulet, il
jette un petit cri et fait quelques mouvements.
Lorsque la durée de l'incubation est prolongée au
delà de vingt jours, il commence alors à se couvrir
de duvet. Sa tête est placée sur la cuisse droite, à
la région du flanc, et recouverte de l'aile. On distingue clairement, à cette époque, les deux mem-
branes qui ont été mentionnées, tant celle qui est
après la membrane dernière de la coquille, dans
laquelle le poulet est alors tout entier, et à laquelle
un des cordons ombilicaux va se rendre, que celle
qui est autour du jaune et à laquelle se rend l'autre
cordon. Ils partent tous deux du cœur et de la
grande veine ; mais, à ce même temps, celui qui va
à la peau extérieure s'affaisse et se détache du
poulet. Le cordon ombilical qui communique au
jaune est attaché, dans le poulet, à l'intestin grêle.
Une grande partie du jaune a déjà passé dans le
poulet, et l'on trouve dans son estomac un sédi-
ment jaune. Au même temps encore, le poulet
commence à rendre des excréments qui se dépo-
sent vers la peau extérieure. Les intestins ren-
ferment une matière blanchâtre, et les excréments,
tant ceux qui sont dans les intestins que ceux qui
sont déjà rejetés, sont de même couleur. A la fin,
le jaune, qui a toujours été en diminuant et en

(1) Il est évident que ce passage renferme des répé-
titions.

s'épuisant, est tout à fait absorbé. Le poulet l'a consommé en entier. Dix jours après qu'il est éclos, on trouve encore, en l'ouvrant, quelques restes de jaune dans les intestins. Le poulet se détache du cordon ombilical sans qu'il en reste trace sur son corps. Pendant l'intervalle qui vient d'être décrit, le poulet dort ; mais si on l'agite, il s'éveille, regarde, crie. On voit le cœur et le nombril s'élever comme par le mouvement de la respiration (1). Cette évolution de l'œuf se rencontre chez tous les oiseaux et de la même manière (2).

(1) C'est précisément le cas.

(2) Ces explications du Stagirite, qui sont un témoignage éloquent de l'exactitude de ses observations, sont confirmées par l'examen des modernes. Le D' Külb, dans ses *Remarques*, p. 723, nous dit : « En général, les observations concernant le développement du poulet sont justes. Les détails étudiés au microscope et les recherches sur chacun des moments de son évolution n'ont fourni que des confirmaturs. A bon droit, Aristote peut donc être regardé comme le précurseur du grand Harwey. » Harwey lui-même, dans ses *Exercitationes de generatione*, Hag., Com., 1660, nous procure bien des preuves pour notre thèse. Le docteur Külb les a fait valoir. — Voir aussi D' Lorinser, *Das Buch der Natur. Esquisse d'une Théodicée cosmologique*, partie : Zoologie, p. 51. « Le développement de l'embryon de l'œuf, le principe fondamental de toute différentiation dans le règne animal, la première condition d'existence de tout individu, tout cela suit, bien que nous n'en puissions d'aucune façon approfondir la cause, une loi si régulière, et est dirigée d'une manière si intelligente vers un but à atteindre, qu'il nous faut nécessairement arriver à cette conclusion que ce développement se fait d'après un plan déterminé avec grand soin, et que ce plan est l'œuvre d'une intelligence préexistante. » Il renvoie aux observations d'Agassiz et au plus grand embryologue de nos temps modernes, H. v. Baer, qui, dans ses *Studien aus dem Gebiete der Naturwissenschaften*, Saint-Pétersbourg,

Venons-en à l'animal déjà formé. Aristote nous enseigne que chaque organe a un but défini (1). Il nous en donne pour exemple le cri des grues (2). « Quand elles se posent quelque part, elles mettent leur tête sous l'aile et dorment, et se tiennent tantôt sur un pied, tantôt sur l'autre ; mais l'une d'elles, la conductrice, a la tête au vent, elle regarde de côté et d'autre, et, à la moindre alerte, elle prévient les autres par son cri. »

Le *De Partibus animalium* est le livre du Philosophe le plus riche en preuves de ce genre. Toujours il fait appel aux merveilles du corps humain sans le mettre sur le même rang que le corps des animaux, nous le verrons plus tard. Prenons le cerveau. Aristote ne lui accorde pas toutes les importantes fonctions que les physiologistes modernes lui attribuent et y découvre une finalité qui n'est plus de mise de nos jours. Son but, dit-il, est de tempérer la chaleur produite par le cœur et de rétablir ainsi l'équilibre du calorique. Puisque tel est son but, il a reçu la conformation nécessaire. Tout en reconnaissant, dans le cas présent, l'erreur du Philosophe, il serait souverainement injuste de conclure de cet exemple qu'Aristote a déterminé

1876, traite de l'évolution de l'œuf de poule. « Ce qui nous importe ici de reconnaître, c'est que d'un germe tout homogène se produisent des parties si diverses, et cela en vertu d'une loi interne qui n'est autre que celle qui ordonne les parties au tout. » On voit que Baer est en opposition avec le darwinisme en ce qui concerne « la finalité dans la nature »,

(1) *De Part. ani.*, I, 5.
(2) *De Hist. ani.*, IX, 10.

une fin *à priori* aux êtres, et qu'ensuite il y a accommodé avec plus ou moins de peine les divers phénomènes. — Ce n'est pas sans intérêt que nous constatons avec quelle justesse il nous a dit quelle est la fin de l'épiglotte : Empêcher les aliments de pénétrer dans les voies respiratoires. « Les voies respiratoires, par le fait qu'elles se trouvent à l'avant du cou, peuvent être incommodées par la nourriture, mais la nature y a pourvu par la production de l'épiglotte (1). »

Il faudrait rappeler encore ce qu'il nous enseigne sur le but de la circulation du sang. Il ignorait, il est vrai, la distinction qui existe entre veines et artères. Nous ne devons donc pas prétendre rencontrer chez lui les résultats de la science moderne, mais certainement nous admettrons la justesse du passage suivant. Il compare le circuit que parcoure le sang à l'irrigation d'un jardin. « Comme l'eau sortant d'une source est divisée, dans un jardin, en nombreux canaux qui, eux-mêmes, vont se divisant encore..., ainsi la nature distribue le sang dans tout le corps, car il est son élément nécessaire (2). »

La description de l'appareil digestif (*De Part. ani.*, III, 14) et son ordination à la fin n'est pas moins intéressant.

La nature, nous dit aussi le Philosophe (3), a coutume parfois d'adapter un organe à diverses fonctions. « Et à côté d'un but commun, les parties

(1) *De Part. ani.*, III, 3.
(2) *Ibid.*, III, 5.
(3) *De Part. ani.*, II, 16.

ont une utilité particulière (1). » Nous en avons
des exemples (2) dans les lèvres de l'homme, qui
servent à parler et à protéger les dents ; dans la
langue, organe du goût et de la parole. « L'homme,
en effet, a des lèvres molles et charnues qui s'en
tr'ouvrent. Elles sont destinées à couvrir les dents,
mais elles ont une utilité supérieure encore, elles
sont faites pour un bien plus élevé : elles contribuent à l'exercice de la parole. De même la langue,
chez l'homme, a une disposition autre que chez les
animaux ; elle doit accomplir plusieurs offices,
comme nous l'avons dit. Elle a deux fins : Le goût
et la parole. Elle concourt, pour cette dernière
chose, avec les lèvres, qui doivent de plus protéger
les dents, etc... » « La bouche (3), elle, contribue à
la nutrition, c'est sa fin commune. De plus elle
sert, chez certains êtres (chez les hommes), à la
parole; chez d'autres, à la respiration. Pour d'autres,
c'est un moyen de défense. Chez ces derniers, sa
conformation est telle qu'ils puissent mordre et
ainsi se défendre. » Il en est ainsi pour les dents.
Chez l'homme, elles servent à la mastication et
aussi à l'articulation. « L'homme a un nombre
déterminé de dents, et les a formées de telle sorte
qu'elles puissent être un instrument utile à la
parole, car celles de devant contribuent fortement
à rendre les sons. » D'autres animaux, dit-il encore,
n'en ont que pour manger, d'autres pour se pro-

(1) *Ibid.*, III, 1.
(2) *Ibid.*, II, 16.
(3) *Ibid.*, III, 1. — Voir aussi *Ibid.*, IV, 11.

téger et se défendre, c'est pourquoi ceux-ci ont des défenses, comme le porc, ceux-là des dents pointues et qui s'entrecroisent, d'où le nom de canines. L'homme remue aussi ses mâchoires de bas en haut et réciproquement, de côté aussi. Le premier mode est destiné à mordre et à couper, le second à mastiquer. « Les animaux qui ont des molaires ont nécessairement un mouvement de côté pour les mâchoires, mouvement inutile pour les autres qui en sont dépourvus. La nature, en effet, ne fait rien de superflu (1). » Le cœur a plusieurs fonctions. Aristote, nous le savons, lui donne plus d'importance que les physiologues modernes. « Le cœur est l'organe le plus important et concourt au perfectionnement du tout (2). » Quand Aristote reconnaît au cœur d'être le principe du sang, cela est vrai en un certain sens. Quand il en fait la source de la chaleur animale, c'est qu'il ignore les activités caloriques des poumons. Le cœur est encore le siège des sensations, c'est l'organe de l'âme sensitive et végétative. Cela est, puisque une partie des nerfs du grand sympathique remplissent ces fonctions. Mais, aujourd'hui, il faut, en dernière analyse, ramener les sensations au cerveau et à la moelle épinière. Bien que le Philosophe n'ait point connu le but complet du cœur, il est cependant dans la vérité en lui reconnaissant un but.

La nature emploie un même organe pour diverses fins, comme la doctrine ci-dessus exposée nous

(1) *De Part. ani.*, IV, 5.
(2) *De Juvent. et Senect*, c. 3.

l'enseigne (1). « Il est plus parfait pourtant de n'avoir qu'une fin pour un instrument. C'est pourquoi les dents sont pointues pour se défendre, et la langue spongieuse afin d'avoir une propriété attractive. Quand il est possible de placer deux organes de façon que l'un ne soit pas une gêne pour l'autre, la nature le fait. Elle agit comme l'artisan qui fait servir une broche de bougeoir quand la matière pour ces deux instruments lui fait défaut. » C'est là indice d'imperfection, comme d'employer le même ustensile comme broche et comme bougeoir. Il est plus parfait d'avoir un organe pour chaque fonction. En toute chose la nature agit pour le mieux. Elle a une prodigalité inouïe de moyens. Mais toujours nous retrouvons chez elle l'idée du but, même dans les organes qui ont diverses fonctions.

Nous l'avons dit, les animaux sont doués d'organes spéciaux pour se défendre des attaques d'autrui. « (2) Il faut tenir pour certain, en général, qu'ici aussi tout est pour l'utilité, comme nous l'allons voir. La nature distribue les parties défensives et les armes protectrices selon l'usage que chacun peut en faire. » Comme elle (la nature) ne fait rien en vain, elle ne donne des armes propres de défense qu'à ceux qui, réellement, en sauront tirer partie (3). « Elle n'en fournit pas de diverses espèces au même individu (4). » Par là le Philo-

---

(1) *De Part. ani.*, IV, 6.
(2) *De Part. ani.*, III, 1.
(3) *Ibid.*, IV, 8.
(4) *Ibid.*, III, 2.

sophe veut dire que la nature a si bien distribué ces moyens à chaque animal qu'il leur serait inutile d'en posséder d'autres. C'est, d'ailleurs, conforme au principe cité plus haut. Là où un seul moyen suffit, à quoi bon plusieurs ? La suprématie de l'idée finale ressort précisément de là (1). Nous trouvons plusieurs exemples de cela dans le *De Part. ani.*, III, 1. Certains animaux, dit le Philosophe, ont des dents pour se défendre ; les uns les ont incisives pour couper, les autres pointues. « Mais aucun de ceux qui les ont pointues n'en ont d'incisives, parce que la nature ne fait rien de superflu et de surérogatoire. Il y a encore d'autres armes : les aiguillons, les éperons, les cornes (2), etc. Chacun a les siens propres ; jusqu'à la seiche, qui échappe à ses ennemis en troublant l'eau par une liqueur couleur sépia qu'elle sécrète (3).

Un principe d'une grande importance qu'il ne faut omettre c'est celui-ci : « La nature adapte les organes aux fonctions, et non pas les fonctions aux organes (4). » Aristote le met en lumière à l'aide de divers exemples : « Parmi les oiseaux, il y en a de haut perchés, parce qu'ils doivent vivre dans les lieux marécageux…, mais comme ils ne sont pas aquatiques, leurs pieds ne sont pas palmés. Leurs jambes sont longues et les phalanges de leurs pieds grandes et nombreuses, parce qu'ils doivent

(1) Voir *Ibid.*, IV, 5. — *Phys.*, VIII, 6.

(2) *De Part. ani.*, IV, 12.

(3) *Ibid.*, IV, 5.

(4) « τὰ δ' ὄργανα πρὸς τὸ ἔργον ἡ φύσις ποιεῖ ἀλλ' οὐ τὸ ἔργον πρὸς τὰ ὄργανα ». *De Part. an.*, IV, 12.

marcher sur un sol mouvant. » « Les poissons ne
sont point doués de membres extérieurs parce que,
dans l'idée de leur création, ils étaient destinés à
nager ; et la nature n'agit pas inutilement et en
vain (1). » Il est donc bien loin de la pensée
d'Aristote de concevoir la formation des organes
comme une suite de leur activité. Non. Les organes
sont fixés dès le principe, ils ont leur but déter
miné, et, dès lors, formés selon les activités qu'ils
ont à produire. « A chacun la nature accorde la
puissance (δύναμιν) et l'instrument (ὄργανον), parce
qu'il a une fin à atteindre (2). » « Et la formation
des organes est, dès le commencement, ainsi
voulu ; ce n'est pas une production artistique du
hasard (3). »

(1) *Ibid.*, IV, 13.
(2) *Ibid.*, IV, 1.
(3) *De Respir.*, c. 17. « καὶ ἡ τοῦ μορίου σύστασις ἐξ ἀρχῆς
τοιαύτη, ἀλλὰ μὴ ἐπίκτητόν τι πάθος ». ἐπίκτητον est opposé à
σύμφυτον. Celui-ci signifie naturellement produit dans l'ordre
de la nature, ce qui est formé par elle ; celui-là désigne
l'effet d'une activité précédente. C'est en ce sens qu'artistique
est mis en regard de naturel. — Le lecteur ne sera pas
longtemps à s'apercevoir de l'énorme différence entre cette
doctrine aristotélicienne et la doctrine darwinienne, puisque,
pour celle-ci, les organes se forment par suite d'une adapta-
tion aux conditions extérieures de la vie et d'un usage suc-
cessif dans le combat pour l'existence. Trendeleburg (*Logische
Untersuchungen*, La fin, p. 27 et seq.) indique le cercle
vicieux dans lequel se déroule cette doctrine, et sa contradiction avec les premières lois de la logique. Si l'œil se for-
mait sous l'influence directe de la lumière, nous serions en
droit de présumer que le rayon lumineux prépare ce noble
organe. Nous trouverions dans sa force active une cause
motrice suffisante. Mais l'œil se développe dans les obscurs
replis du sein maternel, afin d'être apte à subir l'action de la

Ajoutons-y cet autre, si fréquent chez lui : Ce que la nature retranche d'un côté, elle le donne d'un autre. Toujours elle cherche à maintenir un certain équilibre dans l'organisme et une harmonie

lumière après la naissance. Et cela se passe pour tous les autres sens. Entre la lumière et l'œil, le son et l'oreille, entre les organes de locomotion et leur milieu d'exercice, etc., se manifeste une harmonie préétablie. Sans avoir été mis en relation avec leur objet, ces puissances se trouvent immédiatement, dès leur naissance, parfaitement appropriées à lui. La lumière n'a pas produit la puissance visuelle, ni le son l'oreille, ni le lieu les organes locomoteurs. Les organes, au contraire, sont faits pour ces fins. Le processus nous apparaît manifestement. Les organes et leur activité propre viennent de la cause efficiente, mais leur disposition artistique et déterminée à une fin dépend de la loi de leur propre opération. L'œil voit, mais c'est l'action de voir qui a déterminé la production de l'œil. Les pieds marchent, mais c'est le marcher qui a déterminé la production des articulations du pied et de la jambe. Les organes de la bouche concourent tous à la parole, mais c'est l'idée de la parole elle-même, la nécessité de rendre ses pensées, qui ont dirigé la formation de ces organes. C'est un cercle magique dans lequel l'idée est comme l'harmonie préétablie qui dirige de son pouvoir la formation des membres. Elle est l'alpha et l'oméga de toute chose. »

Pareil processus se remarque touchant les organes qui sont ordonnés à d'autres. Le Dr Gutberlet (*Naturphilosophie*, partie : *Le combat pour l'existence est incapable de résoudre le problème de la production des formes organiques*, p. 163, au sujet de la finalité des dents et des intestins chez les animaux) nous fait remarquer que, « dans le combat pour l'existence, il est nécessaire qu'un organe soit façonné de telle sorte que la supériorité et la durée lui soient assurées de préférence à d'autres, de même qu'auparavant d'autres avaient été faits pour l'avantage et l'utilité de l'individu. N'est-ce pas un mouvement circulaire évident ? » Dans le même endroit, Gutberlet fait un calcul des probabilités du hasard. Mises en équation avec les nombreuses conditions exigées par Darwin dans la lutte pour l'existence, les chances de production des organes $= 0$.

des parties entre elles, et des parties avec le tout.
De nombreux exemples sont cités à l'appui dans le
De Part. ani., III, 14, et IV, 9. « Les seiches et les
calmars ont les pieds courts ; les polypes, au contraire, les ont longs. Chez ceux-là, le corps est
gros, chez ceux-ci, petit ; car, ici, ce que la nature
a enlevé au corps, elle l'a ajouté aux pieds, et ce
qu'elle n'a pas accordé là aux pieds, elle l'a rendu
au corps. » « Toute œuvre de nature ou d'art est
faite avec poids et mesure (1). Cette sagesse et cette
harmonie qui président à la formation de l'organisme sont les points d'appui sur lesquels le Stagirite fonde la nécessité, l'ordre des fins et la
beauté du corps des animaux et de leurs parties.

Un examen attentif de cette évolution nous
montre la nature soucieuse, comme un sage admi-
nistrateur, des moindres détails. « (2) Comme lui,
elle ne souffre pas qu'une chose utile, quelle
qu'elle soit, soit négligée. C'est une mère soigneuse
qui donne aux animaux l'instinct et leur implante
au cœur la sollicitude pour leurs petits (3). »

La nature sauve certaines espèces de la destruction par la multitude des individus. C'est pourquoi
certaines classes de poissons sont si fécondes, « la
nature prévient la destruction de l'espèce par la
multiplication des individus (4). »

(1) *De Part. ani.*, IV, 12 ; — *De Gener. ani.*, III, 10 ; IV, 12.
(2) *De Gener. ani.*, II, 6.
(3) *Ibid.*, III, 2.
(4) *De Gener. ani.*, III, 4.

Quelle conception idéale du monde organique, surtout du
règne animal, n'apercevrons-nous pas dans cette doctrine évo-

IV. — Enfin la royauté du but se montre dans le roi de la nature, dans l'homme. L'âme, pour Aristote, nous l'avons déjà vu, est la fin du corps, de sorte que le corps et chacune de ses parties sont

lutive, opposée en tout point au darwinisme, pour qui le hasard est le souverain régulateur de l'univers. Aristote aussi admet un combat pour l'existence sans en tirer les mêmes conséquences que Darwin. « Les animaux entrent en lutte, dit-il (*De Hist. ani.*, IX, 2), quand ils habitent les mêmes lieux et se nourrissent des mêmes aliments. Ceux mêmes d'une même espèce se font la guerre si la nourriture est rare, etc. » A la vérité, Darwin ne rejette pas une certaine finalité dans la formation de l'organisme en tant que celui-ci est adapté aux conditions extérieures de la vie. Mais la fin n'est pas, pour lui, principe et cause. Ce n'est qu'un phénomène, un résultat dernier d'une série d'événements fortuits, un fait de pur mécanisme. Il nie sa priorité idéale et intentionnelle ; par exemple : L'œil n'a pas été formé selon un plan préconçu et n'a pas été primitivement ordonné à une fin, l'action de voir, mais parce que, dans le combat pour l'existence, par suite des résultats obtenus par la série des phénomènes et des adaptations aux conditions extérieures de la vie, un tel organe s'est formé ; maintenant il voit ou sert à voir. Il a donc transporté la doctrine mécaniste dans le domaine du monde organique. On peut par conséquent lui appliquer la critique que fait Aristote de cette conception au sujet des philosophes de la période antésocratique, surtout d'Empédocle et d'Anaxagore. Le lecteur n'a pas dû oublier la force des principes aristotéliciens « l'acte a la priorité sur la puissance », « le tout précède la partie ». Il doit constater leur valeur dans les découvertes actuelles des sciences, spécialement dans le domaine de l'embryologie. Et tout cela est à l'encontre du darwinisme. (Nous avons exposé cela plus longuement dans une monographie sur le premier principe, *Commersche Zeitschrift*). Le traité *Des Parties des animaux* n'est pas moins concluant. On se croirait volontiers, en le lisant, en face d'un ouvrage moderne qui a pour but la réfutation du darwinisme et l'établissement du téléologisme. — Sans la finalité, du reste, le darwinisme ne peut expliquer ce

les instruments de l'âme. Ce qu'il dit de la main en est une preuve à l'appui (1). « Anaxagore enseigne que l'homme est le plus intelligent des êtres sensibles parce qu'il a des mains. Non, la raison nous oblige de dire qu'il a des mains parce qu'il

qu'il prétend. « C'est l'utile qui l'emporte dans la lutte pour l'existence », voilà le principe qu'il oppose à la doctrine de la finalité. L'organe se forme en passant par une suite de degrés inférieurs. Mais alors, pourquoi parler de la survivance de l'utile ? A quoi peut servir, dans cette lutte, un premier commencement d'existence de l'œil ou de l'estomac? Les formes intermédiaires ne peuvent être dites utiles qu'en vue de la forme dernière et complète et de l'activité de l'organe parfait, c'est-à-dire en tant qu'elles sont poussées au but. Edouard de Hartmann lui-même, dont la conception panthéistique du monde est liée étroitement aux doctrines évolutionistes et matérialistes modernes, nous avertit (*Philosophie de l'inconscient*, t. I, partie : Comment nous arrivons à accepter la finalité dans la nature) que le darwinisme ne nie pas la finalité comme phénomène, mais comme principe, et il croit pouvoir considérer les faits comme résultats d'une causalité aveugle ; comme si la causalité était autre chose qu'une nécessité logique, connaissable uniquement par les phénomènes, et non pas par elle-même, et la finalité qui est réalisée le résultat de longues transformations qui, dès le commencement, devait diriger toute l'évolution et la mise à exécution de l'idée qu'elle représentait. » Puis Hartmann défend la doctrine du but dans la partie intitulée : « L'inconscient dans l'instinct. » Il apporte, à cet effet, des faits décisifs du domaine de la zoologie. Il montre que ce n'est pas la conception mécaniste, mais le téléologisme seul qui peut les expliquer à l'aide d'une causalité intelligente. — Cette insuffisance du mécanisme pour expliquer les phénomènes de la vie organique nous est même démontrée par les nouveaux disciples de Darwin, par Weissman, surtout Diebolder dans son ouvrage : *Darwins Grundprinzip der Abstammungslehre*, Fribourg-en-Brisgau, Herder, 1891.

(1) *De Part. ani.*, IV, 10 : « εὔλογον δὲ διὰ τὸ φρονιμώτατον εἶναι χεῖρας λαμβάνειν ».

est le plus intelligent. » Les mains sont des instruments. Comme un être raisonnable, la nature fait ses dons à qui peut s'en servir... Parmi les choses possibles, elle choisit le meilleur ; et puisque ceci est le mieux, l'homme a des mains parce qu'il est raisonnable, et il n'est pas raisonnable parce qu'il a des mains. Le plus intelligent se servira certainement du plus grand nombre d'instruments. Or, les mains ne sont pas un instrument, mais plusieurs, car elles suppléent à tous les autres, « ἔστι γὰρ ὡσπερεὶ ὄργανον πρὸ ὀργάνων ». La nature gratifie celui qui est capable de produire le plus d'œuvres d'art de l'organe le plus approprié à cela, la main. » L'homme fait donc un usage si merveilleux de ses mains, parce qu'il a l'intelligence qui manque aux animaux (1). Le Dʳ Külb (2) nous fait observer, à ce propos, que « les mains ne sont pas seulement un instrument, mais elles façonnent d'autres instruments qui remplissent leur office et deviennent de nouvelles mains ». — Oui, mais l'homme, dira-t-on, est moins bien doué pour se défendre que les animaux qui ont soit des cornes, soit d'autres armes. Mais, répond Aristote, ce n'est qu'en apparence, car il a de quoi, par son esprit, subvenir à ces manques. Il peut, à l'aide de ses mains, produire des armes parfaites, en nombre incalculable, et compenser largement son corps des armes dont

---

(1) Ceci est évidemment contre le darwinisme. Les singes anthropomorphes ne construisent pas d'œuvres d'art, bien qu'ils aient aux extrémités des membres supérieurs des espèces de mains. Ils n'ont pas d'intelligence.

(2) Dʳ Külb, *loc cit.*, p. 1345,

il est privé. « Ceux qui prétendent que l'homme
n'est pas ordonné à une fin préconçue parce qu'il
est le moins bien servi de tous les êtres de la création, qu'il naît dépouillé de tout, d'habit, de chaus-
sures, d'armes, sont dans l'erreur. Les autres ont
un seul moyen de défense et ne peuvent le per-
muter. Ils n'ont qu'un seul vêtement et ils sont
obligés de dormir équipés de pied en cap. Ils sont
dans l'impuissance de mettre de côté leurs armes
ou de les échanger. L'homme, lui, peut en avoir
un grand nombre, les échanger, avoir celles qu'il
veut et comme il les veut. Ses mains lui servent de
griffes, de sabots, de cornes, d'épée. Elles lui
tiennent lieu de toutes sortes d'armes et d'instruments. Elles peuvent devenir tout cela ; elles peuvent tout saisir, tout tenir. La forme elle-même de
la main la détermine à cette fin. »

Ce que le Stagirite enseigne de la finalité dans
les fonctions psychiques est d'une portée éton-
nante. Il est impossible d'exposer le développement
qu'il en donne. Nous nous contenterons d'en indiquer les endroits. Il traite de ce qui regarde l'âme
végétative dans le *De Anima.*, II, 4. L'âme sensible
appétitive et connaissante est principe potentiel
passif. Par l'influx des objets corporels extérieurs
se forment en elle des espèces sensibles connais-
sables (1). Ces espèces, en acte, sont le médium à
l'aide duquel elle connaît les objets extérieurs (2).
Aristote en parle, ainsi que de la sensation en

(1) εἶδος αἰσθητόν.
(2) αἴσθησις.

général et de chacun des sens en particulier, au même ouvrage, II, 5, — III, 1, 4, 12 et 13. Ici il fait ressortir toute la valeur et l'utilité du tact pour la vie. Pour l'homme surtout, dans le *De Gener. ani.*, V, 2. Il touche au mouvement local et à son but dans le *De Ani.*, III, 9 et 10 ; et il indique admirablement, dans le *De Sensu et Sensibili,* c. I, l'importance des sens pour les besoins du corps, spécialement chez l'homme, où ils sont des auxiliaires nécessaires de son activité spirituelle. « L'odorat, l'ouïe, la vue, servent à tous les êtres sensibles et les déterminent à se mouvoir, en vue de leur entretien, de leur nourriture, pour éviter ce qui leur est mauvais et nuisible. De plus, pour les êtres doués de raison, ils servent encore à quelque chose de mieux. Ils indiquent les nombreuses différences qui distinguent l'homme produisant des actes intellectuels et moraux. » Enfin il est bon de noter le rôle joué par l'ouïe dans la formation intellectuelle de l'homme. Par elle nous arrivons à la parole, moyen de communiquer nos pensées (1) (*De Ani.,* II, 8).

---

(1) *De Sensu et Sensibili,* c. I : « τοῖς δὲ καὶ φρονήσεως τυγχάνουσι τοῦ εὖ ἕνεκα, πολλάς γὰρ εἰσαγγέλλουσι διαφοράς, ἐξ ὧν ἥ τε τῶν νοητῶν ἐγγίνεται φρόνησις καὶ ἡ τῶν πρακτῶν ». Ce que dit, à propos de l'ordination des sens à la raison. Trendelenburg (*loc. cit.*, 13, 14) est digne d'être cité. « L'homme les affranchit de la finalité restreinte qu'elle a dans les organismes inférieurs. L'homme a un but plus élevé. En concourant à ce but, ils s'élèvent eux-mêmes. Le tact, dans la main, se prête ainsi aux diverses œuvres d'art ; l'odorat reconnaît les différences chimiques. Le goût atteint la substance encore dans une condition de volatilité, l'ouïe

La raison, νοῦς, à laquelle sont ordonnés les sens
a un rang de supériorité. L'homme seul la possède
parmi les êtres vivants. C'est un principe spirituel,
le Philosophe le prouve surtout au *De Ani.*, III,
4-10. C'est encore là un argument contre le matérialisme, car c'est par là que l'homme se diffé-
rentie de l'animal sans raison (1). « De tous les
êtres il est le seul qui possède la réflexion (2). »
Et plus tard, quand nous aurons montré que Dieu,
selon le Philosophe, est esprit, alors nous compren-
drons pourquoi l'homme est appelé divin (semblable à Dieu) puisqu'il a une âme spirituelle. Sa
supériorité se manifeste par sa noble démarche (3).
« Il a des bras et des mains, au lieu de pieds antérieurs. Seul de tous les êtres sensibles, il se tient
debout et marche le front haut, car sa nature et son
être sont quelque chose de divin. Il est frappé du
sceau de la divinité, il connaît et délibère (4). »

rend la parole, le commerce des individus, l'échange des
idées possibles ; l'œil enfin pénètre l'infinité du monde et ses
vérités. Tous les sens, en un mot, sont les serviteurs de l'esprit. Même les organes qui desservent le mouvement local ne
sont pas étrangers à ce but supérieur. Ce sont les moyens
de connaissance de l'étendue, ils ont leur utilité pour la
science géométrique. Tous les organes de la vie sont ainsi
formés par une idée intrinsèque, puis transformés et élevés
au-dessus de leur condition propre. Cette supériorité elle-
même nous est manifestée par un but plus universel et plus
parfait. » Voir aussi l'ouvrage du Dʳ Wieser : *Mensch und Tier.*

(1) Voir *Métaphys.*, I, 1. — *Hist. ani.*, I, 1.

(2) βουλευτικὸν δὲ μόνον ἄνθρωπός ἐστι τῶν ζώων ».

(3) *De Part. ani.*, IV, 10.

(4) « Ὀρθὸν μὲν γάρ ἐστι μόνον τῶν ζώων διὰ τὸ τὴν φύσιν
αὐτοῦ καὶ τὴν οὐσίαν εἶναι θείαν. Ἔργον δὲ τοῦ θειοτάτου τὸ

N'est-ce pas là une conception idéale de l'humaine nature ?

La tâche que nous nous sommes imposée dans ce chapitre est donc accomplie. Voilà comment Aristote a dégagé la finalité immanente du monde organique. Voilà comment la forme substantielle, chez les êtres organisés, se réalise. Mais tous ces êtres ne sont pas pour eux-mêmes ; chaque particulier est ordonné à un autre, et tous ensemble constituent cette harmonie et cette subordination des fins dans la nature, comme, dans la société,

---

νοεῖν καὶ φρονεῖν ». Dans notre travail, *Die Erkenntnislehre des hl. Thomas von Aquin und ihre Bedeutung in der Gegenwart* (*Philosophisches Jahrbuch des Görres Gesellschaft*, vol. II, fasc. I, p. 25 et sq.), nous avons traité de la différence qui existe entre l'intellect possible, νοῦς παθητικός, et l'intellect agent, νοῦς ποιητικός ; du retentissement qu'ils ont dans la doctrine du Stagirite en ce qui concerne la théorie de la connaissance intellectuelle et du lien étroit qui les y rattache. Nous avons montré comment le Philosophe développe l'axiome de ses prédécesseurs : « Le semblable connaît son semblable », φασὶ γάρ γινώσκεσθαι τὸ ὅμοιον τῷ ὁμοίῳ (*De ani.*, I, 2). Comment il doit y avoir similitude entre objet connu et sujet connaissant. L'intellect passif reçoit les espèces intelligibles (εἶδος νοητόν, par opposition aux espèces sensibles, εἶδος αἰσθητόν) abstraites des choses par l'intellect agent. Il passe en acte et devient ainsi les choses connues. L'âme devient toute chose, « ἡ ψυχὴ τὰ ὄντα πώς ἐστι πάντα », *De ani.*, III, 8. Enfin nous avons ajouté comment saint Thomas en a formé une doctrine magistrale et établi l'équation entre être et penser, et comment la conception téléogique seule rend compte de cette vérité. Nous ne parlons pas ici des controverses ardentes soulevées au moyen âge à propos de cette question : Le νοῦς ποιητικός d'Aristote, est-ce un intellect propre à chaque âme, ou faut-il l'interpréter dans le sens panthéistique d'Averroes, y voir une substance séparée universelle ? Ceci est à traiter dans la doctrine théologique du philosophe.

l'ordre met l'harmonie parmi les hommes. Cette réalisation de l'ordre et de l'harmonie du monde est ce qu'il nous reste à considérer.

CHAPITRE III

La Finalité relative et l'Ordre de l'Univers

Chaque organe a une fin propre. L'un est ordonné à l'autre, l'inférieur au supérieur, et tous ensemble au tout. Le but du tout est aussi leur but (1). C'est la conclusion de ce qui précède. Il en est de même dans la nature entière. Tous les êtres ont une liaison intime entre eux, ils constituent l'ordre physique et ont une fin suprême vers laquelle ils marchent. « Il nous reste à examiner, dit le Philosophe (*Métaphys.*, XII, 10) (2), les rap-

---

(1) Voir encore sur ce point : *De Part. ani.*, IV, 9 ; — *De Gener. an.*, IV, 1.

(2) « Ἐπισκεπτέον δὲ καὶ ποτέρως ἔχει ἡ τοῦ ὅλου φύσις τὸ ἀγαθὸν καὶ τὸ ἄριστον, πότερον κεχωρισμένον τι καὶ αὐτὸ καθ' αὑτό ἢ τὴν ταξιν ἢ ἀμφοτέρως ὥσπερ στρατευμα καὶ γὰρ ἐν τῇ ταξει τὸ εὖ καὶ ὁ στρατηγός, καὶ μᾶλλον οὗτος οὐ γὰρ οὗτος διὰ τὴν ταξιν ἀλλ' ἐκείνη διὰ τοῦτόν ἐστιν· πάντα δὲ συντέτακαὶ πως, ἀλλ' οὐχ ὁμοίως, καὶ πλωτὰ καὶ πτηνὰ καὶ φυτά. καὶ οὐχ οὕτως ἔχει ὥστε μὴ εἶναι θατέρῳ πρὸς θάτερον μηθέν, ἀλλ' ἔστι τι· πρὸς μὲν γὰρ ἕν ἅπαντα συντέτακται, ἀλλ' ὥσπερ ἐν οἰκίᾳ τοῖς ἐλευθέροις ἥκιστα ἔξεστιν ὅ τι ἔτυχε ποιεῖν, ἀλλα πάντα ἢ τὰ πλεῖστα τέτακται, τοῖς δὲ ἀνδραπόδοις καὶ τοῖς θηρίοις μικρὸν τὸ εἰς τὸ κοινόν, τὸ δὲ πολὺ ὅ τι ἔτυχεν· τοιαύτη γὰρ ἑκάστοι αρχή αὐτῶν ἡ φύσις ἐστίν. λέγω δ' οἷον εἰς γε τὸ διακριθῆναι ἀναγκη ἅπασιν ἐλθεῖν, καὶ ἄλλα οὕτως ἐστὶν ὧν κοινωνεῖ ἅπαντα εἰς τὸ ὅλον)»,

ports de la nature avec le bien ou le meilleur. Est-il immanent ou extrinsèque ? Est-il indépendant ou a-t-il avec le monde un ordre nécessaire ? Ou encore ces deux modes se trouvent-ils en lui comme l'ordre dans l'armée ? Dans l'armée, il y a un ordre intrinsèque et un ordre surtout vis-à vis du chef. Le chef n'est pas à cause de l'armée et de son ordre, mais eux sont pour lui. Et ainsi en toute chose.

Il varie ici ou là, chez les poissons, les oiseaux, les plantes, etc. Il ne s'ensuit pas pour cela qu'il n'y ait entre eux aucun rapport. Non ; il y a une harmonieuse relation de l'un à l'autre, et ensemble ils ont un même but. C'est ce qui apparaît dans la famille. Il n'est pas permis au fils de faire n'importe quoi, car l'ordre doit régner dans la maison. C'est à lui d'avoir l'œil sur toute la communauté. Les bêtes de somme et les esclaves n'ont pas à s'occuper de l'administration générale, mais des offices qui paraissent le moins s'y rapporter. Ainsi la nature de chaque être lui détermine sa place et son rôle dans l'ordre général de l'univers. La perfection exige, je crois, que chacun ait sa nature et ses propriétés distinctes. Cela a lieu partout, et l'activité de chacun est ordonnée au bien commun. »

Mais le bien, comment existe-t-il dans l'univers ? se demande Schwegler (p. 287) à propos de ce passage. De trois manières :

1º Ou en dehors du monde. C'est une substance transcendante étant pour elle-même, et le monde pour elle ;

2º Ou il est immanent au monde. Il en est l'âme et la beauté ;

3º Ou il est les deux, comme c'est le cas dans une armée qui a son bien, son idée organisatrice en elle-même, dans son ordre, dans sa discipline, et, en dehors d'elle, dans la personne de son chef.

Cette troisième conception est celle d'Aristote. Le bien réside dans l'univers. Il est son harmonie et sa cause finale ; et en dehors d'une façon supérieure, comme un être particulier principe de cette harmonie et de cette finalité. Il unit donc l'immanence à la transcendance. L'univers, selon lui, est un tout ordonné, c'est-à-dire que tout en lui, πάντα συντέτακται tend à l'idée du but et du tout, πρὸς ἓν ἅπαντα συντέτακται, et que chacune des parties est en harmonie avec l'autre. Comme dans une société publique ou privée il y a un rapport des membres entre eux, et, suivant leurs fonctions, ils ont leurs places respectives. Dans une maison ou un État (exemple familier à l'ancienne philosophie), le premier rang appartient aux supérieurs, aux chefs ; mais à eux aussi échoient les plus lourdes charges. Adieu les loisirs et les distractions, tous leurs instants sont comptés. Les inférieurs n'ont pas autant de soucis, leurs actes ont moins d'importance. Ils peuvent plus facilement obéir aux caprices du hasard. C'est l'image de l'univers (1).

_____

(1) Saint Thomas est encore plus précis dans son commentaire (*Métaphys.*, XII, leç. 9). Après avoir délimité la question, il dit : « Primo ostendit (Philosophus) quod universum habet bonum separatum, et bonum ordinis. Secundo ostendit qualiter partes universi se habent ad ordinem, ibi : « Omnia

Les êtres qui ont la primauté dans cet organisme (les étoiles) sont soumis à des lois plus strictes et à une régularité plus sévère ; les derniers et les inférieurs peuvent avoir une plus grande liberté d'al-

vero ordinata. » Puis il dissèque la comparaison qu'emploie Aristote et montre pourquoi le bien est p'us dans le général que dans l'armée, pourquoi l'armée est surtout à cause du général : « Magis est bonum exercitus in duce quam in ordine : quia finis potior est in bonitate his quæ sunt ad finem : ordo autem exercitus est propter bonum ducis ad implendum, scilicet ducis voluntatem in victoriæ consecutionem ; non autem e converso, bonum ducis est propter bonum ordinis. Et quia ratio eorum quæ sunt ad finem sumitur ex fine, ideo necesse est quod non solum ordo exercitus sit propter ducem, sed quod a duce sit ordo exercitus, cum ordo exercitus sit propter ducem. Ita etiam bonum separatum quod est primum movens est melius bonum, bono ordinis, quod est in universo. Totus enim ordo universi est propter primum moventem, ut scilicet explicetur in universo ordinato id quod est in intellectu et voluntate primi moventis. Et sic oportet quod a primo movente sit tota ordinatio universi. » Mais pourquoi l'ordre est-il appelé bien, il le prouve par la doctrine péripatéticienne du devenir, par l'identité de la fin immanente et de la forme, et il conclut : « Forma autem alicujus totius quod est unum per ordinationem quamdam partium est ordo ipsius : unde relinquitur quod ordo sit bonum ejus. » Enfin il explique le rapport des parties au tout et leur ordre. A ce propos, il n'y a qu'une proposition d'Aristote qui souffre difficulté : « La perfection exige que chacun ait son emploi distinct. » « Je soupçonne que le texte original, dit Schwegler (loc. cit.), était différent ; peut-être sa place est-elle après les mots εἰς τὸ ὅλον. » Quoi qu'il en soit, saint Thomas nous donne clairement l'enchaînement des idées : « Natura in rebus naturalibus est principium exequendi unicuique id quod competit sibi de ordine universi. Sicut enim qui est in domo per præceptum patrisfamilias ad aliquid inclinatur, ita aliqua res naturalis per naturam propriam. Et ipsa natura uniuscujusque est quædam inclinatio indita ei a primo movente, ordinans ipsam in debitum

lure ; et tous ensemble, comme les membres d'une famille, concourent, chacun selon leur nature et dans une mutuelle dépendance les uns des autres, au but commun et ultime, καὶ ἄλλα οὕτως ἐστὶν ὧν κοινωνεῖ ἅπαντα εἰς τὸ ὅλον. »

Ainsi dans l'univers nous trouvons la diversité des parties, l'unité dans la diversité, l'harmonie et l'ordre dans l'ensemble. Nous pouvons y ajouter la beauté, car l'ordre règne dans le monde, et l'ordre est l'un des caractères principaux du beau (1). D'ailleurs, pour Aristote, l'univers est une œuvre d'art grandiose et sans défaut. « Ses manifestations ne sont nullement désordonnées et mêlées

finem. Et ex hoc patet quod res naturales agunt propter finem, licet finem non cognoscant quia a primo intelligente assequuntur inclinationem in finem. Sed tamen non similiter omnia se habent ad istum finem. Est enim aliquid commune omnibus ; quia necesse est quod omnia ad hoc perveniant quod discernantur, id est quod habeant discretas et proprias operationes, et quod etiam secundum substantiam ad invicem discernantur ; et quantum ad hoc in nullum deficit ordo. Sed quædam sunt quæ non solum hoc habent, sed ulterius talia sunt, quod omnia quæ sunt in eis « communicant ad totum » id est sunt ordinata ad bonum commune totius. Hoc autem invenitur in illis, in quibus nihil est præter naturam, neque casualiter, sed omnia secundum debitum ordinem procedunt. Manifestum est enim quod unaquæque res naturalis, ut dictum est, ordinatur ad bonum commune, secundum suam actionem debitam naturalem. Unde illa quæ nunquam deficiunt a sua actione debita et naturali habent omnia sua communicantia ad totum (Les corps célestes). Illa vero quæ aliquando deficiunt ab actione debita et naturali, non habent omnia sua communicantia ad totum sicut hujusmodi corpore inferiora. »

(1) *Metaphys.*, XIII, 3. « τοῦ δὲ καλοῦ μέγιστα εἴδη τάξις ».

d'entre actes comme le sont les mauvaises tragé-
dies (1). »

Mais quelle est la conception du Philosophe. Il
nous l'expose en maints endroits de ses écrits, les
Physiques, les *Traités du Ciel, de la Génération et de
la Corruption*, de la *Météorologie*. Il n'y a, écrit-il (2),
qu'un seul monde, composé de deux parties : le
monde céleste, le ciel, et le monde terrestre et
sublunaire. Après nous en avoir donné les principes généraux (3), il nous en décrit l'ordre dans
le deuxième livre, *De Cœlo*. Le ciel, pense-t-il, est
de forme sphérique et composé d'éther. Il est
éternel, ingénérable et incorruptible, parce qu'en
lui il n'y a pas de principes opposés. Son mouvement est des plus parfaits ; il est circulaire. La
terre occupe le centre de l'univers, elle est ronde ;
autour d'elle se meuvent les astres. Ils sont immobiles. Ce sont les sphères sur lesquelles ils sont
fixés qui évoluent. Elles forment un système de
cercles concaves qui se meuvent autour de la terre,
les sphères supérieures influant sur les autres et les
dirigeant. La première, appelée premier ciel, est
la plus rapprochée du premier moteur et mue
immédiatement par lui. Dans celle-ci se trouvent
les étoiles fixes ; son mouvement est parfaitement
circulaire. Les sphères planétaires viennent ensuite ;
plusieurs ensemble meuvent une seule planète d'un

---

(1) *Métaphys.*, XIV, 3. « οὐκ ἔοικε δ' ἡ φύσις ἐπεισοδιώδης
οὖτα εκ τῶν φαινομένων, ὥσπερ μοχθηρά τραγῳδία ».

(2) *De Cœlo*.

(3) *Physiques*.

mouvement circulaire, il est vrai, mais imparfait. Elles ont pour moteur les substances spirituelles séparées (les esprits des astres) (1). Le soleil et la lune sont les plus proches de notre globe, qui, lui, n'est pas constitué d'éther, mais des quatre éléments : la terre, l'eau, l'air, le feu. Dans ce monde sublunaire, il y a des principes opposés, par conséquent génération et corruption. Le mouvement y est moins parfait que dans le monde stellaire, non pas circulaire, mais rectiligne, partie de bas en haut, partie de haut en bas, du centre à la périphérie et de la périphérie au centre. Les corps légers suivent le premier sens, les corps lourds le second.

En dehors de ces mouvements dans l'espace, il y a d'autres propriétés dans les corps : le chaud, le froid, le sec et l'humide ; les uns sont principes d'activité, les autres de passivité. De là le Philosophe tire une classification des éléments. Le feu, parce qu'il est léger, tend vers la région supérieure ; il est chaud et sec. L'air occupe la deuxième région, ensuite l'eau, enfin, au centre, la terre.

Ils ne sont pas cependant limités à ce point qu'ils ne puissent se mêler. Ils se combinent entre eux, se transforment, exercent l'un sur l'autre une activité réciproque (2), et produisent dans les différentes sphères du feu, de l'air, de l'eau et de la terre, les divers phénomènes que nous aper-

---

(1) *Métaphys.*, XII, 8.
(2) Voir *De Cœlo*, III ; IV ; — *De Generat. et Corrupt.*

cevons (1). Le Philosophe mentionne l'influx des corps célestes sur la génération et la corruption, sur la chaleur et le froid ; ce qui, surtout, est vrai du soleil qui, suivant qu'il est proche ou éloigné de notre planète, agit sur la température et produit ses variations. Il termine son traité de météorologie par quelques notions sommaires, premiers germes de chimie inorganique et organique. C'est la transition naturelle à ses écrits sur les corps organisés.

Nous nous bornons à cette rapide esquisse, renvoyant nos lecteurs aux ouvrages considérables de Zeller et Biese (2). Elle suffit à nous montrer comment Aristote se forme une idée toute spéculative de l'univers, de ses parties et de son ensemble, à l'aide des méthodes inductives et déductives. Bien que les conclusions qu'il a formulées et qu'il a tirées de l'observation du monde, selon le système de Ptolémée, ne soient plus soutenables de nos jours, ses principes fondamentaux n'en demeurent pas moins. Ils sont vrais encore pour l'astronomie moderne. Les corps célestes se meuvent dans un ordre précis et déterminé. Le monde n'est pas un chaos. Il forme un tout grandiose, systémati-

---

(1) Voir *De Meteorol.* Aristote semble ne pas avoir terminé cet ouvrage. Le quatrième livre ne nous offre pas ce que nous sommes en droit d'attendre, un traité des corps inorganiques, des pierres et des métaux ; par conséquent, ce n'est pas un traité complet de minéralogie. Cf. Zeller, *loc. cit.*, p. 363, etc.

(2) Zeller, *loc. cit.*, p. 431-479. — Biese, *loc. cit.*, II, p. 35-92.

quement ordonné ; un tout sans solution de conti-
nuité, reliant toutes les parties entre elles et
parfaitement un (1). Disons-en autant de l'influx
du soleil, des astres et des phénomènes météoro-
logiques. Les découvertes récentes n'infirment
point ces données.

Reste encore à dire quelques mots de la valeur
de la cause finale extrinsèque, du but relatif, chez
les êtres organiques et inorganiques. La perfection
suit, selon le Philosophe, une progression descen-
dante du ciel des étoiles fixes à la terre. Sur la
terre, au contraire, il y a une progression ascen-
dante des éléments jusqu'à l'homme, en passant
par les minéraux, les plantes et les animaux. Dans
cette gradation, Aristote retrouve son principe : Ce

(1) Voir Lorinser, *Kosmische Physick*. — Ulrici, *Gott und
die Natur*. « Ces déductions, conséquentes avec les principes du Philosophe, font honneur à sa méthode spéculative,
dit Prantl (Introduction à l'édition qu'il a publiée du *De Cœlo*
et du *De Generat. et Corrupt.*, p. 7). Les résultats sont
inexacts, parfois sans valeur de nos jours ; personne ne s'y
méprend. Sa conception de la nature garde pourtant toute
son importance, et ne doit pas être reléguée dans un
musée d'antiquités. Utilisée par un esprit vigoureux, la méthode spéculative a une valeur incontestable, et, dans ce cas,
l'expérimentateur le plus minutieux n'a pas le droit de la
dédaigner. Il peut aller à l'école d'Aristote. A côté de certains enseignements doctrinaires et passés de mode, il
recueillera bien des idées saines qui peuvent avoir cours
aujourd'hui. Laissons de côté la construction du monde à
l'aide de quatre éléments ; mais ne rejetons pas *à priori* ses
explications du mélange et des combinaisons, de l'augmentation et de la croissance. Elles méritent d'être soumises à
l'épreuve par les hommes d'expérience, surtout s'ils veulent
mettre leurs idées d'accord avec les phénomènes et les faits.

qui est postérieur dans le devenir a la priorité de nature ; c'est le terme du *fieri*. De cette façon, les éléments des corps inorganiques sont homogènes, ceux des corps organiques hétérogènes ; ils servent de matière aux plantes (1).

Il y a proportion continue. Les êtres organisés d'ordre inférieur, les plantes, sont pour les animaux, elles leur servent de nourriture. « Nous pouvons conclure de là que c'est leur fin (2). »

(1) *De Part. animal.*, II, 1 : « τὰ γὰρ ὕστερα τῇ γενέσει πρότερα τὴν φύσιν ἐστί, καὶ πρῶτον τὸ τῇ γενέσει τελευταῖον .....ὥστε τὴν μὲν τῶν στοιχείων ὕλην ἀναγκαῖον εἶναι τῶν ὁμοιομερῶν ἕνεκεν..... τὰ ὁμοιομερῆ τῶν ἀνομοιομερῶν ἕνεκεν ἐστιν.

Pour Aristote, ὁμοιομερῆ signifie inorganique, ἀνομοιομερῆ organique. Le premier implique l'homogénéité des parties et de la masse, l'autre la diversité, et une diversité d'autant plus marquée que l'organisme est supérieur. (Voir Zeller, *loc. cit.*, p. 476 et 477 ; Biese, *loc. cit.*, II, p. 93 et 94.)

Que les corps inorganiques soient formés d'éléments, aujourd'hui de corps simples ; les corps organiques des inorganiques, l'expérience le confirme chaque jour. Par l'intussusception (le phénomène d'endosmose', beaucoup de plantes se nourrissent des matières inorganiques dissoutes dans l'eau (quelques plantes, par exception, se nourrissent de substances organiques). Quelle importance n'ont pas, à ce sujet, les découvertes faites sur l'acide carbonique pour la nutrition du végétal, découvertes inconnues du philosophe, quelle preuve manifeste pour la vérité de son système ! (Voir, par exemple, chez Lorinser, *Botanik*, les déductions à tirer de « l'ordre systématique dans le règne végétal ».) Les fleurs qui ornent nos parterres nous rappellent à chaque instant cette beauté de la nature, objet de tant d'insistance de la part du philosophe.

(2) *Polit.*, I, 8: « ὥστε ὁμοίως δῆλον ὅτι καὶ γενομένοις οἰητέον τά τε φυτὰ τῶν ζῴων ἕνεκεν εἶναι ». Encore ici il y a accord avec la science naturelle. Les plantes sont la nourri-

L'animal, enfin, est pour l'homme. « Les animaux domestiques, dit le Stagirite (1), sont utiles tant à sa nourriture que pour son service ; les animaux sauvages servent, sinon tous, du moins en majorité, à sa nourriture et, quelquefois, à d'autres besoins, comme vêtement ou autre chose semblable. Si la nature ne fait rien d'imparfait et d'inutile, elle a donc fait tout pour l'homme. » « Car, poursuit-il ailleurs (2), ce n'est pas le dernier de chaque

ture d'une multitude d'animaux. Même pour les carnivores elles sont nécessaires. Aristote a donc dit vrai, bien qu'il ne connût pas ce principe physiologique : « Tous les animaux ont besoin, pour vivre, d'oxygène. » Or, les plantes produisent ce gaz que les animaux respirent. Sans elle l'air serait tellement surchargé de carbone, que ceux-ci seraient asphyxiés. Il est, par conséquent, légitime de conclure que le règne végétal est ordonné au règne animal et trouve en lui sa fin. Et si nous étudions le règne animal, quel ordre, ici encore, et quel plan déterminé n'y verrions-nous pas ! (Voir Lorinser : *Zoologie Naturliche Grundlagen der zoologischen Verwandtschafft* ; — La doctrine d'Agassiz sur la structure des corps.

(1) *Polit.*, I. 8: καὶ τ' ἄλλα ζῷα τῶν ἀνθρώπων χάριν, τὰ μὲν ἥμερα καὶ διὰ τὴν χρῆσιν καὶ διὰ τὴν τροφήν, τῶν δ' ἀγρίων. εἰ μὴ πάντα, ἀλλὰ τά γε πλεῖστα τῆς τροφῆς καὶ ἄλλης βοηθείας ἕνεκεν, ἵνα καὶ ἐσθὴς καὶ ἄλλα ὄργανα γίνηται ἐξ αὐτῶν· εἰ οὖν ἡ φύσις μηθὲν μήτε ἀτελὲς ποιεῖ μήτε μάτην, ἀναγκαῖον τῶν ἀνθρώπων ἕνεκεν αὐτὰ πάντα πεποιηκέναι τὴν φύσιν ».

(2) *Phys.*, II, 2: « χρώμεθα ὡς ἡμῶν ἕνεκα πάντων ὑπαρχόντων· ἐσμὲν γὰρ πως καὶ ἡμεῖς τέλος ». La double signification du οὗ ἕνεκα de la cause finale est expliquée dans le *De Gener. Anim.* et le *De anima*, II, 2. C'est ou bien la cause immanente, « οὗ », ou bien le pourquoi extrinsèque « ᾧ » , et, pour nous servir du langage kantien, c'est un but spécial, un but à côté, qui existe entre les parties et le tout... » (Le renvoi du philosophe se rapporte à des livres perdus sur le bien). — En apportant cette distinction, notre division est justifiée (but immanent des particuliers, but relatif dans l'ordre du monde). Si jamais cette doctrine a pu être vraie,

série qui est cause finale, mais le meilleur de tous. Dans les métiers et les arts, certains ouvriers préparent la matière, d'autres l'utilisent pour telle fin. Nous aussi nous nous servons des choses comme étant préparées pour nous ; nous sommes leurs causes finales (la cause finale, nous l'avons dit dans nos écrits sur la philosophie, est double) intrinsèque et extrinsèque. »

Nous connaissons maintenant le but relatif : les choses inférieures sont en relation étroite avec les supérieures, les parties avec le tout. Chaque être n'est pas cause finale complète et dernière, les parties ne sont pas simplement ordonnées l'une à l'autre et leur collectivité au tout. Non. L'univers, lui aussi, comme tout, a une fin supérieure et transcendante, Dieu. La suite nous le dira.

c'est bien aujourd'hui, où tout est mis au service de l'homme par le commerce, les arts, les industries, les sciences, pour sa culture supérieure. « Quand le but s'élargit, le terme déjà atteint sert de moyen », dit Trendelenburg, *Logische Untersuchungen*, IX ; la fin, vol. II, p. 13. Comparez ce que traite le Dr Wieser dans son ouvrage : *Mensch und Tier*, Fribourg-en-Brisgau, Herder, 1875.

Entre les hommes, il y a un ordre proportionnel à celui que nous constatons chez les plantes et les animaux : ordre physique, ordre moral, ordre social. L'individu est incapable d'arriver seul au bonheur, mais la société dont il fait partie l'y conduit, il en est un membre. C'est un animal politique, ζῶον πολιτικόν. Ici, redisons-le, le principe « le tout précède la partie » se présente encore. A la tête de la société, il y a l'autorité, qui doit avoir soin du bien commun. Tant qu'elle le fait, elle reste bonne. Voir les *Politiques*, πολιτικά, écrit du philosophe, et le travail de A. Portmann, intitulé : *Der Zweckgedanke in der Sozietät*, paru dans le « Kath. Schweizer Blättern », 1885. Il y étudie la finalité dans la société.

CHAPITRE IV

Dieu, Fin suprême et transcendante de l'Univers

La doctrine sur Dieu est le couronnement de la philosophie d'Aristote et le point culminant de son œuvre. Cette doctrine se rattache très intimement à la théorie des quatre causes. Nous les avons considérées plus haut ; elles forment la base de ses preuves pour l'existence de Dieu. Il nous enseigne (1) qu'une série infinie de causes subordonnées est impossible, que, nécessairement, il faut arriver à une première cause motrice formelle et finale, l'entéléchie suprême. Il insiste d'une manière spéciale sur la cause finale. « Dans la série des fins, dit il, nous ne pouvons remonter à l'infini ; par exemple, du mouvement corporel à la santé, de la santé à la béatitude, de celle-ci à une quatrième chose, et ainsi de suite. » S'il n'y a pas de cause finale ultime, il faut nier toute finalité (2). Le pourquoi d'une chose, c'est sa fin. La fin est ce pour quoi sont d'autres réalités. Celles-ci sont pour elle. S'il y a un dernier pourquoi, une série infinie est impossible; il y a une finalité dernière.

(1) *Métaphys.*, II, 2.
(2) *Ibid.* « ἔτι δὲ τὸ οὗ ἕνεκα τέλος, τοιοῦτον δὲ ὃ μὴ ἄλλου ἕνεκα, ἀλλὰ τ' ἄλλα ἐκείνου · ὥστ' εἰ μὲν ἔσται τοιοῦτον τὸ ἔσχατον, οὐκ ἔσται ἄπειρον, εἰ δὲ μηθὲν τοιοῦτον οὐκ ἔσται τὸ οὗ ἕνεκα · ἀλλ' οἱ τὸ ἄπειρον ποιοῦντες λανθάνουσι ἐξαιροῦντες τὴν τοῦ ἀγαθοῦ φύσιν ».

Ceux qui posent une série infinie suppriment sans le savoir la notion du bien, et pourtant personne ne mettrait la main à l'œuvre sans but. C'est le fait d'un insensé d'agir ainsi ; l'homme raisonnable agit toujours pour une fin. La fin a donc raison de dernier. » C'est sa conclusion (1).

Pour mieux déterminer cette doctrine, il commence par la preuve du mouvement. Le mouvement, nous l'avons vu, est le passage de la puissance à l'acte. Ceci suppose un moteur en acte, qui est antérieur à la puissance. De là l'axiome : « Tout ce qui est mû est mû par un autre (2). » Ne pouvant procéder à l'infini, il faut nous arrêter à un premier moteur, qui est entéléchie pure et dégagée de toute potentialité. C'est là, en quelques mots, la preuve de l'existence de Dieu par le mouvement (3). « Il appert de là que l'acte a la priorité sur la puissance et dans l'ordre de nature et dans l'ordre de succession, jusqu'au premier (4). » Et comme l'acte et la fin sont une même réalité, il suit que le premier moteur est la fin suprême (5). Au livre VIII, ch. 6, des *Physiques*, le Stagirite enseigne que « le premier moteur est peut-être mû et qu'il ne peut y en avoir qu'un ». « Nous devons

---

(1) Cf. *Ethi. a Nicom.*, I, 1. Voyez aussi saint Thomas, S. *Theol.*, « De fine hominis », Iª IIᵉ.

(2) *Phys.*, VII, 1 : « Ἅπαν τὸ κινούμενον ὑπό τινος ἀνάγκη κινεῖσθαι ».

(3) Cf. *Métaphys.*, III, 4.

(4) *Métaphys.*, IX, 8 : « τοῦ χρόνου ἀεὶ προλαμβάνει ἐνέργεια ἑτέρα πρὸ ἑτέρας ἕως τῆς τοῦ ἀεὶ κινοῦντος πρώτως ».

(5) Cf. *Métaphys.*, IX, 9 ; — *Phys.*, VII, 1.

plutôt accepter un seul premier moteur que plusieurs, et un nombre déterminé de moteurs subordonnés plutôt qu'un nombre illimité. Un effet est quelque chose de déterminé ; il suppose donc des causes limitées. Nous en trouvons des exemples dans les productions de la nature. Il suffit que, sous le premier moteur, il y ait un moteur déterminé pour que tous les effets soient déterminés (1). » Par une réduction à l'absurde, Aristote (2) montre qu'il ne peut y avoir une série infinie dans l'ordre des causes. « Dans ce cas, il n'y a pas de premier, et, par conséquent, pas de suivant, pas de devenir, pas de mouvement (3). »

De tous les écrits du Stagirite concernant la théologie, le XIIᵉ livre des *Métaphysiques* est le plus important. « Il en est la clef de voûte », dit Schwegler (4). A partir du chapitre 6 surtout, il traite de l'existence de Dieu, de son essence, de sa vie, de ses rapports avec le monde. Il est à noter particulièrement que, pour lui, Dieu est esprit (5). — Si nous y ajoutons ce qu'il dit dans les *Ethiques*, nous pouvons reconnaître la marche qu'il suit dans sa démonstration. Dieu est entéléchie pure et, comme tel, être parfait. La vie est meilleure que sa privation. Dieu donc est un être vivant. Parmi les fonc-

---

(1) *Métaphys.*, XI, 9.

(2) *Ibid.* « ἀνάγκη εἶναί τι ἓν καὶ ἀίδιον τὸ πρῶτον κινοῦν ».

(3) La deuxième moitié du XIᵉ livre, à partir du chap. 9, se rattache, croyons-nous, au IXᵉ. De cette façon, cette partie sert de transition immédiate entre le IXᵉ et le XIIᵉ livre.

(4) Schwegler, *Comment. des Métaphys.*, liv. XII, p. 236.

(5) νοῦς. Cf. *Métaphys.*, XII, 7.

tions vitales, l'intelligence tient le premier rang, donc Dieu est un être intelligent. L'activité spéculative l'emporte sur l'activité pratique. Elle appartient donc à Dieu (1). A la question : Quel est l'objet de cette activité intellectuelle ? le Stagirite répond (2) : Cet objet est ce qu'il y a de meilleur, de plus noble, Dieu lui-même. « Car ce qu'il y a de meilleur, c'est de connaître son propre acte d'intelligence. Il le connaît, et cette connaissance est l'acte même de son intelligence, « *et est intellectio, intellectionis intellectio* (3). » Dans cette connaissance éternelle de soi consiste sa béatitude. Il est indépendant de tout. Il se suffit.

Vis-à-vis du monde, Dieu est comparé à un général dans ses rapports avec l'armée (4). C'est la réponse du Philosophe à la question : Est-ce que Dieu, comme fin dernière et premier moteur, est immanent au monde ou transcendant ? Qu'il soit transcendant, nous l'avons déjà prouvé (5). Tous les philosophes affirment unanimement que, pour Aristote, Dieu est fin suprême et premier moteur.

(1) *De Gen. ani.*, II, 1.

(2) *Ethi. a Nic.*, X, 7.

(3) *Métaphys.*, XI, 9 : Αὐτὸν ἄρα νοεῖ, εἴπερ ἐστὶ τὸ κράτιστον, καὶ ἔστιν ἡ νόησις νοήσεως νόησις.

(4) *Métaphys.*, XII, 10.

(5) Le Dr Kym, dans son écrit : *Die Gotteslehre des Aristoteles und das Christentum. Eine prinzipielle Untersüchung*, Zurich, 1862, conçoit dans un sens panthéiste la doctrine d'Aristote, comme si Dieu était immanent au monde. Cette interprétation est fausse. Le texte « πάντα γάρ φύσει ἔχει τι θεῖον » (*Ethi. a Nico.*, VII, 14), posé par Kym comme épigraphe à son livre, n'a pas le sens de « faire

Mais cette doctrine, plus approfondie, suggère les
questions suivantes : Dieu se connaît-il seulement
lui-même, ou connaît-il encore les choses qui sont
en dehors de lui ? Dieu meut-il seulement le
monde comme fin dernière, ou bien est-il sa cause
efficiente, son créateur? A ce sujet, des controverses très ardentes ont été soulevées par Zeller et
Brentano. Nous pourrions les .passer sous silence,
car notre thèse est achevée. Pourtant, sans vouloir
les dirimer (Stöckl trouve qu'elles sont insolubles),
nous allons en dire quelques mots. Elles nous don-
neront une nouvelle lumière.

Résumons-les. Zeller nous a depuis longtemps
affirmé ses convictions dans sa philosophie des
Grecs (1). « Dieu, pour lui, est pure intelligence et,
comme tel, il est essentiellement acte, vie et source
de toute vie. Mais quel est l'objet de cette intelligence ? Tout acte reçoit sa valeur et sa noblesse de
son objet, et l'objet de la pensée de Dieu doit être
le plus parfait et le plus noble. Ce ne peut être que
lui-même, et non pas quelque chose d'extrinsèque.
Dieu se pense donc lui-même, et cette pensée est
l'acte même de son intelligence. C'est ainsi que sa
pensée et son objet sont une même réalité. Cette
unité indivise du penseur et de son objet et la

---

partie de l'essence divine », mais « avoir de la similitude
avec Dieu ». C'est pourquoi Aristote appelle la forme substantielle « καλόν ἄριστον, θεῖον ». Zeller (loc. cit., 3ᵉ édit.,
p. 371, note) combat cette doctrine de l'immanence panthéistique du Dʳ Kym, Métaphys, XII, 10.

(1) Zeller, Philosophie der Griechen, II, 2, 2ᵉ édit., 1862,
p. 277 et 278, au sujet du texte des Métaphys., XII, 9.

quiétude immuable de cette pensée en lui-même, voilà la béatitude absolue de Dieu. »

Le Dieu d'Aristote, par conséquent, selon Zeller, ne connaît pas les choses extrinsèques, et son activité créatrice ne s'étend pas au monde. « La perfection parfaite consiste dans la pensée. Elle ne peut être cherchée dans l'activité productrice et agissante, car elle a un but extrinsèque, et l'Être suprême n'en peut avoir en dehors de lui. Il est sa propre fin (1). »

Il est encore premier moteur du monde. Au sujet de cette proposition, Zeller, s'appuyant sur le texte des *Métaphysiques* (XII, 7) : « La cause finale meut comme l'objet aimé. Et ce qu'elle a mû meut à son tour autre chose (2) », remarque que « Dieu est premier moteur comme fin absolue de l'univers. Il est semblable à un roi auquel tout obéit et qui, pourtant, ne met pas lui-même la main à l'œuvre.

Pourquoi cela? Parce qu'il est forme absolue. La forme, dit-on, meut la matière quand elle la fait passer de la puissance à l'acte. L'action de Dieu sur le monde n'est pas autre. Cette doctrine du Philosophe trouve ainsi sa conclusion naturelle, puisqu'elle manifeste cette unité indivise de la cause formelle, motrice et finale, et son rapport à la cause matérielle ». Le Dieu d'Aristote, d'après cette interprétation, n'est pas cause efficiente et

___

(1) *Ibid.*, p. 276. Il renvoie aussi aux *Éthiques a Nicom.*, X, 7 et 8.

(2) κινεῖ δὲ οὗ ἕνεκα ὡς ἐρώμενον, κινούμενον δὲ †᾽ ἄλλα κινεῖ.

créatrice du monde, mais il est moteur immobile, en tant qu'objet de désir et fin suprême.

Brentano (1) réfute énergiquement cette opinion. Dieu, pour lui, est principe de tout être, cause efficiente de l'univers, créateur des substances immatérielles des esprits. Il prétend qu'Aristote (2) ne refuse pas à Dieu toute connaissance extrinsèque, mais seulement celle qui ferait de Dieu un être semblable à l'homme, qui ne connaît qu'en entrant en rapport avec les choses extérieures. C'est là une connaissance indigne de Dieu. Dieu est son propre objet ; il ne le reçoit pas de l'extérieur comme nous, mais cet objet est éternellement en lui. Par conséquent, il est toujours connaissant en acte, et, par cette connaissance, il se voit principe de tout être (3). »

La doctrine de l'origine de l'âme a donné naissance à cette controverse. Pourquoi ? Brentano (4) va nous l'expliquer. « Le principe intellectif, dit-il, doit être introduit dans le fœtus par la divinité. Il devient ainsi corps humain. Puisque l'âme humaine n'est pas âme humaine sans ce principe, et que le corps humain n'est ce qu'il est que par l'âme humaine, ainsi le corps humain devient corps

---

(1) Brentano, *Die Psychologie des Aristoteles*, 1867. Appendice qui traite du mouvement et, en particulier, du mouvement créateur du Dieu d'Aristote, p. 234, 237, 243.

(2) *Métaphys.*, XII, 9.

(3) *Die Psychol. d. Arist.*, p. 193.

(4) *Ibid.*, p. 199, il renvoie au *De Gener. ani.*, II, 3 : « λείπεται δὲ τὸν νοῦν μόνον θύραθεν ἐπεισιέναι καὶ θεῖον εἶναι μόνον. Οὐθὲν γὰρ αὐτοῦ τῇ ἐνεργείᾳ κοινωνεῖ σωματικὴ ἐνέργεια ».

humain à l'instant où la divinité unit ce principe au corps. Nous avons l'homme.

Donc, par un ordre immédiat de Dieu, la raison est créée et informe le corps. Que reste-t-il pour l'activité du Père ? De donner l'impulsion qui conduit pas à pas la matière et la dispose à la réception de l'âme humaine.

Zeller (1) rejette ces explications. Il veut à tout prix que le Dieu d'Aristote ne connaisse que lui-même, qu'il n'ait aucune activité immédiate vis-à-vis du monde. Il est seulement fin suprême. « Du reste, ajoute-t-il, la question n'est pas de savoir si Dieu meut le monde, mais comment il le meut. C'est mal à propos que Brentano oppose l'efficience et la finalité en Dieu. Selon Aristote, Dieu n'a pas d'activité. » Cette affirmation est étrange, car si Dieu est premier moteur, il doit être nécessairement premier efficient. Des deux termes κινητικὸν αἴτιον, cause motrice, et ποιητικόν, cause efficiente, sont deux termes identiques. Par conséquent, refuser à Dieu une activité immédiate dans l'univers n'est pas lui dénier toute activité ; car être parfait, ramenant tout à lui, sa simple présence produirait encore l'activité du monde. Il serait donc cause efficiente parce qu'il est cause finale. Pour réfuter cette interprétation, il ne suffit pas de citer des textes dans lesquels Dieu est désigné comme cause efficiente ou motrice. Ceci, personne ne le met en doute. Il faut en produire qui attestent que Dieu

(1) Zeller, *Philosophie der Griechen*; 3ᵉ édit., 1879, p. 369 et seq., 376 et seq.

opère directement, immédiatement. De plus, il faut montrer l'accord qui existe entre eux. Enfin il resterait à prouver comment cette activité peut exister dans un être immuable comme le Dieu d'Aristote. »

Quant à ce qui concerne l'origine de l'âme, Zeller nie qu'elle soit créée par Dieu (1). « Cela répugne à la doctrine du Stagirite, car il enseigne que Dieu n'intervient pas dans les opérations des causes secondes. De plus, l'esprit n'a pas de commencement, donc pas de fin. Il préexiste à tout. » Telle est l'affirmation de Zeller.

Brentano a garde de laisser passer cette occasion. Dans un opuscule intitulé : *Uber den Kreatianismus des Aristoteles* (2), qui suscita une réponse de Zeller (3) et une nouvelle réplique de celui-là (4), il expose en six points la doctrine de la préexistence de l'âme rationnelle :

1º En aucun passage, Aristote n'enseigne clairement et sans équivoque cette préexistence ;

2º Il la nie formellement;

(1) Zeller, *loc. cit.*, p. 594-569, 573, 574.

(2) *De la création chez Aristote, Sitzungsberichte der Kaiserl. Academie der Wissenschaften zu Wien : Philosophische-historische Klasse*, CI, vol. I, fasc. I, 1882. Se trouve aussi séparément.

(3) *Uber die Lehre des Aristoteles von der Ewigkeit des Geistes* (De la doctrine de l'éternité de l'esprit chez Aristote), *Sitzungsberichte der Konigl. preuss.*, etc., Berlin, 1882, vol. XLIX, p. 1033.

(4) *Offener Brief an Herrn Professor Dᵣ E. Zeller*, Leipzig, 1883, où il cherche à établir la certitude de la création du νοῦς pour Aristote.

3° Il enseigne que Dieu crée l'âme immortelle ;

4° La doctrine du créatianisme cadre avec son système des causes, aussi bien dans le monde des corps que dans le monde des esprits ;

5° Elle a une grande affinité avec la doctrine de Platon ;

6° Elle a laissé des vestiges chez ses disciples Théophraste et Endémius.

La plus importante de ces propositions est la troisième. Il l'appuie sur le texte suivant (*De Gener. ani.*, II, 3) : « La raison donc vient de l'extérieur, c'est quelque chose de divin, θεῖον. L'expression θεῖον, dit Brentano, n'indique pas une qualité, une propriété de la nature divine, mais un effet produit par Dieu. Cette interprétation est d'accord avec celle des plus célèbres aristotéliciens, Brandis, Trendeleburg et Julius Pacius (1). La principale objection à faire valoir contre cette exposition, et que, de fait, Zeller n'a nullement oublié, se prend du X° livre des *Ethiques à Nicomaque.* « La vie de Dieu, y lisons-nous, n'est pas une vie active. » Brentano répond (2) : « Il faut noter qu'Aristote, aux chapitres VII et VIII de ce livre, montre la supériorité de la vie contemplative comme celle qui

(1) Voir Brandis, *Handbuch der griechisch-römischen Philosophie*, vol. II, 2, p. 1778. — Trendeleburg, *De anima Comment.*, p. 175. Brentano en extrait les mots suivants : « Quorum tandem divina hæc in naturali rerum ordine origo, si re vera intellectus sensibus contineretur. Ipsam igitur humanam mentem tamquam reliquis majorem Aristoteles segregavit et divinitus genuit. » Enfin il fait encore appel à Julius Pacius, *Libr. de anima, comment. analyt.*, III, 6, § 5.

(2) Brentano, *loc. cit.*, remarque, p. 118 ; p. 179, n.22.

convient le plus à Dieu. (La vie de Dieu est purement spéculative.) Puis, au chapitre IX, il nous dit
que Dieu favorise ceux qui s'y adonnent et qu'ils
le reçoivent en récompense. C'est pourquoi la
béatitude consiste dans la vie contemplative. Or, il
lui serait impossible d'affirmer cela si la proposition de Zeller était vraie (1).

(1) Cette controverse réveille les vieilles disputes d'école du
moyen âge à propos de l'intelligence. La raison selon Aristote
est-elle une substance séparée ou une partie de l'âme ?
Averroès, sous l'influence du néo-platonisme, a interprété le
philosophe dans le sens panthéiste (De ani , III, 5). L'intellect agent « νοῦς ποιητικός » est pour lui une substance
séparée. Albert le Grand et saint Thomas, dans leurs commentaires et dans des opuscules (De unitate intellectus contra
Averrœm), ont réfuté cette interprétation et ont prouvé que
la raison, le νοῦς, est une puissance de l'âme individuelle.
(Comparez Schneid, *Aristoteles in der Scholastik*). Au passage cité, *De anima.*, Aristote dit de la raison (νοῦς) : « καὶ
οὗτος ὁ νοῦς χωριστὸς καὶ ἀπαθὴς καὶ ἀμιγὴς τῇ οὐσίᾳ ὢν
ἐνεργείᾳ », que saint Thomas, dans son commentaire (leç. X),
explique ainsi : χωριστός, ἀμιγής, separatus et immixtus,
signifie que l'intelligence ne se sert pas des organes corporels comme l'âme sensible, « dicitur separata (pars intellec-
tiva: ex hoc quod habet operationem suam sine organo corpo-
rali ». Ailleurs : « Aristoteles expresse dixit has differentias
duas scilicet : intellectum agentem et intellectum possibilem
esse in anima : ex quo expresse dat intelligere quod sint
partes animæ, vel potentiæ, et non aliquæ substantiæ sepa-
ratæ. » Il est intéressant de voir que saint Thomas, dont les
moyens philologiques étaient si restreints, est arrivé au
même résultat que nos philologues péripatéticiens modernes :
Trendelenburg, *Comment. de anima.*; Brentano, *Psychol. des
Aristoteles* ; Hertling, *Materie und Form*. Seule la conformité
de l'esprit de saint Thomas à celui du Philosophe peut nous
en expliquer la cause. Après un minutieux examen des passages du Stagirite, nous avons acquis la conviction de la
véracité de sa doctrine.

III. — Une controverse (1) semblable à la précédente s'est élevée entre Stöckl, professeur de philosophie à Eichstætt, et le Dr Rolfes. Le premier exprime sa façon de voir dans une série d'articles intitulés : *Die Ideenlehre und Schœpfungstheorie bei Plato Aristoteles und dem hl. Thomas* (2). Le Dr Rolfes lui réplique dans d'autres articles ayant pour titre : *Ein Beitrag zur Würdigung des Aristotelischen Gotteslehre* (3), ce qui provoqua une nouvelle réplique de Stöckl (4). Celui-ci tient pour Zeller, celui-là pour Brentano. Mais que disent-ils sur la question : Le Dieu d'Aristote reçoit-il des idées des objets extérieurs ?

L'idée suprême, selon Platon, c'est le bien. Elle est identique avec celle de Dieu, d'où : Quelle est la conception de Platon sur le rapport des Idées et de Dieu ? Question qui n'a pas encore été résolue. D'après Aristote, les idées platoniciennes sont transcendantes et existent en dehors des choses. Saint Augustin et d'autres Pères enseignent que ces idées sont la pensée de l'intelligence divine dans laquelle préexiste l'univers. L'explication du Philosophe eut vogue au moyen âge. Nous le constatons chez saint Thomas (5), *S. Theol. I, quæst. 15,*

(1) Voir la revue *Katholik. Mainz.*

(2) « Katholik », juin et août 1884.

(3) Paru dernièrement en un opuscule détaché, Berlin, Mayer et Muller, 1892.

(4) *Die Ideenlehre und Schopfungstheorie bei Aristoteles, noch einmal* « *Katholik* », décembre 1884.

(5) Voir l'ouvrage de Sipperhelde : *Thomas von Aquin und die platonische Ideenlehre*, Munich, Rieger, 1890.

art. I, ad 1 ; C. Gent., III, c. 24. Stöckl la considère comme la véritable, ce qu'il prouve en disant :
« Qu'Aristote n'ait pas compris son maître, ce sont
des on dit ; car il serait incroyable qu'un génie tel
que lui n'ait pu pénétrer sa doctrine ou ait voulu
la défigurer » (p. 6). Le Philosophe entreprend la
réfutation de Platon au 1ᵉʳ livre des *Métaphysiques.*
Il ne peut, dit-il, offrir une solution satisfaisante à
la question de l'essence des choses. « Cette doctrine
ne sert ni pour la connaissance scientifique de la
nature, ni pour expliquer l'existence des êtres, car
ces idées sont en dehors d'elle (1). » Ce à quoi
Stöckl remarque qu'« Aristote nie non seulement
les idées de Platon, mais toute idée séparée. De
l'exemplaire des choses il n'est nullement question.
Il admet un premier moteur, mais il ignore si ce
moteur a l'idée immanente des choses. Aristote se
borne donc à nier ce qu'avance Platon : « *Non sunt
ideæ.* » C'est là le grand défaut de son système »
(p. 19). Le Dieu d'Aristote, par conséquent, n'a
pas, selon Stöckl, la connaissance du monde ; il ne
connaît que lui-même. Il ne peut être question ni
d'une préexistence de l'univers dans l'intellect
divin, ni d'idées divines. Au XIIᵉ livre des *Métaphysiques* (c. 9), Aristote parle ex professo de la
connaissance de Dieu, passage que Stöckl (p. 119)
rend de la manière suivante : « La pensée de Dieu
ne se porte pas sur les choses extérieures ; pourquoi ? Parce que l'objet connu est plus noble que le
sujet connaissant, car le dernier dépend du pre-

(1) *Métaphys.*, I, 9.

mier. Si Dieu donc connaissait les choses exté-
térieures, ces choses seraient plus nobles que Dieu
lui-même. » Ces recherches le conduisent à dire
que Platon est dans le vrai en posant des idées
prototypes du monde, mais qu'il se trompe en faisant d'elles un monde séparé de Dieu et des choses.
Aristote a tort de les rejeter, tout en ayant raison
d'affirmer contre Platon que les essences sont
immanentes aux êtres, et non séparées d'eux. Les
choses donc participent de l'essence. Saint Thomas,
lui, est éclectique ; il prend des deux côtés ce qu'il
y a de vrai. Il a fait faire ainsi un grand pas à cette
doctrine en concevant ces essences comme idées de
Dieu.

Rolfes réfute cette opinion dans son travail déjà
cité : *Ein Beitrag zur Wurdigung der Aristotelischen
Gotteslehre.* « Avant tout, il attire l'attention sur la
manière de voir de son adversaire, qui identifie le
différend de Platon et d'Aristote avec l'affirmation
que dans l'intelligence divine il n'y a aucune idée
des choses. » Puis il défend une thèse exagérée :
« Il met une telle relation entre Dieu et les choses,
qu'il y voit la doctrine même de saint Thomas »
(p. 452, etc.). Pour la prouver, il fait appel à un
passage des *Métaphysiques* (XII, 10). Il est intéres
sant de voir sa façon de résoudre la difficulté du
texte (*Métaphys.*, XII, 9). « Nous répondons, dit-il,
que la conclusion qu'en tire Stöckl est inadmis-
sible. Aristote ignore s'il y a en Dieu une connaissance des choses extérieures. Il n'en peut savoir
plus que la raison droite ne lui dicte. Mais que
suit-il de là ? Que Dieu ne connaît que lui-même !

Nullement. Cette connaissance, par le fait que c'est celle de Dieu, est ce qu'il y a de meilleur. Elle est identique avec sa substance. C'est la conclusion du Philosophe. »

« Mais, réplique Rolfes (p. 457), si nous nous sommes donné la peine de montrer que ces idées se trouvent dans le système du Philosophe, c'est parce qu'elles n'y sont pas clairement exposées. En cela, nous sommes d'accord avec Stöckl. Nous avons été obligés de faire plusieurs arguments pour prouver qu'elles y sont en substance. Le mérite de la philosophie chrétienne et de saint Thomas est d'avoir posé « une cinquième cause », la cause exemplaire.

Stöckl s'empare de cette concession. « J'admets volontiers ce que dit Rolfes ; personne ne doute qu'on ne puisse par déduction en tirer la doctrine des idées. Il est même inutile de faire tant d'efforts. Avec moins de peine, on arrive au même résultat. Aristote enseigne, par exemple, que Dieu se connaît lui-même. Or, Dieu se connaîtrait imparfaitement s'il ne se savait cause exemplaire des êtres à créer. Ainsi il suit nécessairement qu'il y a des idées en Dieu. » Il est fâcheux qu'Aristote n'ait pas fait cette déduction et qu'il se taise sur les idées. Du reste, il ne s'agit pas de savoir ce que nous pouvons tirer de la doctrine d'Aristote, mais ce qui s'y trouve réellement. C'est un fait indéniable qu'Aristote ne soupçonne pas les idées dans le sens indiqué. Il en aurait parlé, d'autant plus que c'est là un point capital dans la métaphysique, et d'où dépend la solution de bien des problèmes cosmologiques. Il n'en souffle mot. Il nie simplement les idées au sens de Platon, sans poser une opinion personnelle (1).

Stöckl maintient donc que le Dieu du Stagirite ne connaît que lui-même, et non pas les choses extrinsèques. Il affirme (p. 605) qu'on ne peut comprendre son enseignement, avec l'interprétation de Rolfes, qu'en supposant qu'Aristote connaisse la création *ex nihilo*. « On comprend très bien pourquoi, dans ses *Métaphysiques*, il répète avec insistance que Dieu ne connaît point les choses extérieures. C'est qu'alors sa connaissance dépendrait d'elles et serait semblable à celle de l'homme. Sa conclusion est donc toute naturelle : Dieu ne connaît que soi. »

Nos deux savants continuent leurs discussions pour savoir si la notion de « création » se trouve chez le penseur grec. Ici encore Stöckl est d'accord avec Zeller, mais cela ne veut point dire qu'il défende la préexistence de l'intelligence du νοῦς ; il n'en parle pas. Voici le résultat de la controverse : « La doctrine de Platon a un grand avantage sur celle d'Aristote. Elle fait du monde l'œuvre d'un dieu démiurge, qui aurait façonné l'univers d'après un prototype. Mais elle se trompe en posant la matière éternelle. Pour Aristote, Dieu n'est pas créateur, mais premier moteur et fin suprême.

(1) Stöckl remarque (p. 597, note) : « Mon contradicteur soutient que j'ai conclu de la discussion d'Aristote contre Platon qu'il n'admet aucune idée. C'est faux. Je n'ai nullement avancé cela, et n'aurais pu le faire sans absurdité. Cette affirmation repose sur un malentendu. »

Comme il ne connaît pas le monde, il n'a pas d'activité immédiate sur lui. Ce que Stöckl prouve, disant que nous trouvons chez le Philosophe des textes qui excluent toute idée de création. Il ne lui donne aucun des prédicats de l'activité créatrice, c'est-à-dire la connaissance des choses en dehors de lui et la volonté pour agir. Enfin, nulle part, il ne nous mentionne la notion de création, pas même au X° livre des *Ethiques à Nicomaque :* La vie de Dieu n'est pas active, dit-il au premier chapitre, « et nous ne pouvons lui octroyer l'acte volontaire. Cela nous forcerait d'admettre que Dieu cherche sa béatitude en dehors de lui ».

Rolfes rentre en lice sous l'égide de Brentano et rompt une lance contre l'interprétation du passage des *Ethiques à Nicomaque.* « Si c'était la pensée du Stagirite, Stöckl aurait raison ; mais les deux propositions qu'il identifie n'ont aucune connexion. La première proposition, « La vie de Dieu n'est pas active », est du Philosophe. La seconde, « Dieu n'a pas d'acte volontaire », est aux antipodes de sa manière de voir. Aristote entend par vie active celle qui consiste dans la pratique des vertus morales, et cette vie est inférieure en béatitude à la contemplation de la sagesse. D'où il conclut que Dieu, possédant la béatitude à sa plus haute puissance, n'a pas cette vie active. »

Quant à la création, si Aristote ne dit rien de positif en sa faveur, il ne la nie pas non plus, et son Dieu possède toutes les conditions nécessaires : connaissance, force, volonté. Rolfes va plus loin encore, et il prétend qu'on peut, de certaines de ses propositions, déduire en logique rigoureuse l'idée de création. « Non seulement il ramène tout mouvement et toute génération à Dieu, mais il tient que l'être premier doit être cause de tout être (1). Tous dépendent de lui dans leur être et dans leur vie (2), et il est leur fin suprême (3) » (p. 443). Sa conclusion est à noter (p. 463-464). « Voulons-nous affirmer par là qu'Aristote ait enseigné explicitement la création du monde ou de l'âme ? Non. Pas plus qu'il n'est permis de reprendre quelqu'un des erreurs que l'on déduit de ses idées et qu'il n'approuve pas, on ne peut lui attribuer la vue claire de toutes les vérités qui découlent de sa doctrine. A toute règle, cependant, il y a des exceptions. Ne serait-ce pas le cas pour un génie comme Aristote ? Quoi qu'il en soit, c'est notre opinion, admise, tant à cause des doutes de Stöckl qu'à cause du silence d'Aristote sur la question.

Stöckl (4) ne se tient pas pour battu ; il réfute point par point ces arguments et persiste dans son idée. Le Dieu d'Aristote n'est pas cause efficiente dans le sens strict du mot, il n'a pas de volonté, chose nécessaire pour agir sur le monde. Au XIIᵉ livre des *Métaphysiques*, où il traite ex professo de Dieu et de ses rapports avec le monde, il n'est nullement question de la volonté divine cause

(1) *Métaphys.*, II, 1.
(2) *De Cœlo*, I, 9.
(3) *Métaphys.*, XII, 10.
(4) Stöckl, *Die Ideenlehre und Schopfungstheorie bei Aristoteles* — encore une fois.

efficiente du monde. Notre intention n'est pas de relever tous les détails. Rolfes, du reste, a concédé que nous ne trouvons pas dans Aristote une doctrine claire, précise, de la création, et a ainsi rendu facile la réplique. Et Stöckl même doute que cette doctrine soit en germe chez le Philosophe. Il dit (p. 601), touchant les textes cités plus haut : (1) « Comment peut-il, en rigoureuse logique, en déduire la création *ex nihilo?* Ces textes peuvent être intégrés dans tout système qui n'est pas purement matérialiste. Toute philosophie digne de ce nom considère Dieu comme cause de tout être. Or, la question n'est pas de savoir s'il est cause, mais comment il est cause. Est-ce comme créateur ou autrement ? C'est ce que ces passages taisent. » Plus loin encore il éveille notre attention (p. 604-605) : « Il ne suffit pas, dit-il, de ramasser des textes ici ou là dans l'œuvre du Stagirite et d'en tirer des conséquences. Mais il faut étudier quelle est la pensée du Philosophe, raisonner en ce sens et voir si les conséquences sont d'accord avec sa doctrine ; sinon il nous est interdit d'y voir son système. En partant de ce principe, je ne vois pas que l'on puisse tirer le créatianisme de son enseignement.

« En acceptant les passages susdits dans le sens du créatianisme, alors toute suite disparaît dans les idées. Rien ne se tient plus... Dans le sens contraire, on peut résoudre bien des problèmes

---

(1) *Métaphys.*, II, 1. — *De Cœlo*, I, 9. — *Métaphys.*, XII, 10.

insolubles, et la suite des idées devient claire et naturelle. » Et notre auteur prouve ces affirmations. Ce qui nous surprend surtout, c'est, dans sa réplique, de ne pas trouver cité Brentano, auquel Rolfes se réfère à chaque instant. Son interprétation est diamétralement opposée à celle de Brentano. Il le réfute implicitement (1).

IV. — Jusqu'à maintenant nous avons, sans donner notre avis, exposé ces discussions. Le lecteur peut se demander quelle est notre opinion. Nous sommes incliné, confessons-le, vers la solution de Zeller et Stöckl (2). (Nous rejetons cependant, comme contraire à la pensée du Philosophe, la préexistence du νοῦς.) Comme eux, nous n'avons trouvé nulle part dans ses écrits de doctrine précise par rapport au monde et à la création.

Le passage des *Métaphys.*, XII, 7 : « La fin meut comme l'objet aimé, et son mobile devient moteur à son tour (3) », prouve très fortement que le Dieu d'Aristote ne meut le monde qu'en tant qu'enté

(1) Uberwegt et Kappes sont de l'opinion de Zeller et Stöckl. « Dieu est premier moteur du monde comme fin suprême et objet de désir. » Voir Fr. Uberwegt, *Grundriss der Geschichte der Philosophie*, 1ʳᵉ partie, « Das Altertum », 6ᵉ édit., 1880, p. 190, etc. — Kappes, *loc. cit.*, p. 32, etc, « Erste Ursache aller Bewegung im Universum, Transcendentalursache ».

(2) Voir, dans la revue *Katholische Schweizer-Blatter*, 1885, nᵒˢ 4 et 5, l'article intitulé : « Vervollkommnung der Aristotelischen Naturphilosophie durch den Hl. Tomas von Aquin. » Nous y avons déjà parlé de cette controverse.

(3) « κινεῖ δὲ (τὸ οὗ ἕνεκα) ὡς ἐρώμενον, κινούμενον δὲ τ' ἄλλα κινεῖ ».

léchie, objet suprême du désir. Toutefois nous ne récusons pas complètement l'interprétation de Brentano et de Rolfes. Zeller lui-même (p. 372) a dû faire les concessions suivantes : « Aristote, dit-il, ne désigne pas Dieu comme premier moteur, mais aussi comme base et principe seulement de l'univers, « πρώτη καὶ κυριωτάτη ἀρχὴ (1) ». Et bien que nous n'ayons pas le droit de lui attribuer la croyance à une providence des singuliers, il admet que le monde est l'œuvre d'une intelligence. Il (2) loue même Anaxagore d'avoir fait appel à un intellect comme cause du monde et de son ordre. Dans la finalité de la nature, il aperçoit l'activité divine (3), et dans la raison humaine, la manière d'agir de Dieu (4).

Aucun texte d'Aristote, cependant, ne peut être cité à l'appui de la causalité exemplaire en Dieu et de sa causalité universelle, sauf le passage des *Métaphys.* (XII, 10), où il compare les rapports de Dieu et de l'Univers à ceux d'un général en chef à son armée. Mais du commentaire de saint Thomas il ressort que le Dieu d'Aristote est principe suprême, idéal et réel de la finalité dans la nature. « *Totus enim ordo universi est propter primum moventem, ut scilicet explicetur in universo ordi-*

---

(1) *Métaphys.*, XI, 7. Voir aussi *Métaphys.*, XII, 7. — *De cœlo*, I, 9.

(2) *Métaphys.*, I, 3 ; — *Phys.*, VIII, 5.

(3) Zeller renvoie aux explications données p. 388 de son ouvrage ; il y cite : *De Cœlo*, I, 4 ; — *De Gener.*, II, 10 ; — *Polit.*, VII, 4, etc.

(4) *Ethiq. à Nicom.*, X, 7, 9 ; — *De Anima.*, I, 4, etc.

nato id quod est in intellectu et voluntate primi moventis. Et sic oportet quod a primo movente sit tota ordinatio universi..... Et ex hoc patet quod res naturales agunt propter finem, licet finem non cognoscant quia a primo intelligente assequuntur inclinationem in finem. » Rolfes déduit de là aussi que Dieu a posé la finalité dans les êtres irrationnels. — Ni Zeller, ni Stöckl n'admettent cette interprétation comme certaine. Pour eux, le passage d'Aristote prête à équivoque, ce qui ne permet pas d'en tirer cette doctrine (1).

En effet, de ce que Dieu meut le monde comme fin suprême, on démontre qu'il est principe de l'ordre dans l'Univers. Les choses, selon leur essence diverse et selon la place qui leur est assignée dans l'ordre établi, ont aussi diverses inclinations avec la fin suprème. Le ciel des étoiles fixes, le plus proche de Dieu, est mû d'un mouvement uniforme et éternel, le mouvement circulaire. La terre et les choses corruptibles ont le mouvement le plus imparfait, bien qu'ils participent aussi du mouvement circulaire. Par la

---

(1) A ce propos, Zeller remarque : « Aristote se demande de quelle manière le bien existe dans le monde. Il donne sa réponse dans ces mots : ((καὶ γὰρ ἐν τῇ τάξει τὸ εὖ καὶ ὁ στρατηγός, καὶ μᾶλλον οὗτος, οὐ γὰρ οὗτος διὰ τὴν τάξιν ἀλλ᾿ ἐκείνη διὰ τοῦτόν ἐστιν)).

Si nous appliquons cela à la divinité, il s'ensuit que la perfection de l'univers entier réside en elle comme dans le premier moteur, ensuite dans l'ordre du monde produit par elle. Mais la comparaison du chef et de l'armée ne nous fournit aucune donnée sur le mode de production de cet ordre ; la question posée n'a pas cette extension.

génération, les plantes, les animaux et l'homme conservent leur espèce et, ainsi, participent à l'éternité de Dieu. Ils deviennent, par la tendance à leur forme parfaite, un vestige de la divinité. Cette tendance leur permet d'arriver à la perfection, de réaliser quelque chose de divin, d'être appelé divin (1). C'est ce que nous constatons, surtout dans les astres incorruptibles, les esprits qui président au mouvement des sphères célestes, l'homme (2).

Par cela seul qu'une chose possède la forme essentielle due à son espèce, elle devient semblable à l'Être suprême, elle en est une participation. Mais encore, comment la finalité est-elle introduite dans l'univers, c'est toujours l'énigme. Il faut cependant concéder quelque chose des additions de Rolfes et de Brentano à la pensée du Philosophe. Ce génie, mécontent des explications mécanistes de la philosophie antésocratique, s'approcha de leurs idées et soupçonna que l'intelligence divine a préconçu cet univers selon l'ordre des fins, et qu'il l'a appelé, lui et spécialement l'esprit de l'homme, à l'existence par sa volonté créatrice.

V. — Personne n'oserait affirmer, pourtant, qu'Aristote a exposé cette doctrine avec autant de netteté et de précision que son interprète attitré Thomas d'Aquin, l'Aristote christianisé. Brentano

(1) Voir *De Ani.*, II, 4 ; — *De Gener. Ani.*, II, 1.

(2) Voir *Ethiq. à Nicom.*, VII, 14 ; — *De anima.*, III, 4, 7, 9 ; — *Ethiq. à Nicom.*, X.

et Rolfes (1) sont arrivés par un enfantement laborieux, à leur interprétation et à leurs déductions. Et toutes ces interprétations diverses et les disputes qu'elles ont soulevées prouvent qu'Aristote, si profond génie soit-il, ne s'est pas prononcé sur ces questions difficiles avec netteté. Saint Thomas seul, à la lumière de la révélation, l'a clairement expliqué. C'est là, il faut le reconnaître, un grand progrès. Il nous livre surtout sa doctrine sur les Idées dans la *Somme théologique* (Iᵃ p., q. 15) (2). Quelle hauteur de vues n'y apporte-t-il pas ! Tout l'univers est préconçu dans l'intelligence divine comme l'œuvre d'art dans la tête de l'artiste. L'esprit de Dieu ne connaît pas seulement l'universel, comme le veulent les péripatéticiens arabes Avicenne et Averroës, mais aussi les singuliers. Il connaît sa propre essence, parfaitement, et, par suite, il la connaît comme cause et prototype des choses extérieures ; elle contient l'exemplaire des créatures. D'ailleurs, voici l'une de ses conclusions : « Dieu connaît parfaitement son essence. Il la connaît donc dans toute l'ampleur de sa cognoscibilité, c'est-à-dire non seulement en elle-même et indépendamment des êtres, mais dans ses rapports avec eux, comme exemplaire et principe idéal de leur réalité. L'espèce propre de chaque créature n'est autre chose que la réalisation d'une de ses

---

(1) Le Dᶜ Al. Schmidt, *Erkenntnislehre,* vol. II, Fribourg-en-Brisgau, Herder, 1890, dit avec justesse (p. 68) que « en tout cas le système du Philosophe n'est pas sans défectus ».

(2) Voir aussi *Ibid.,* q. 44, art. 3 ; — *Cont. Gentes,* liv. I, c. 44. 72.

idées. Dieu donc, connaissant son essence comme modèle des créatures, la connaît comme l'idée et la raison d'être de ses créatures. Ainsi en est-il de toute chose. Par conséquent Dieu connaît les raisons diverses des divers êtres, et ce sont diverses idées (1). »

L'Univers est la réalisation du plan divin. C'est une œuvre d'art grandiose qui révèle, et dans l'harmonie du tout et dans l'ordre des parties, les idées de Dieu. — Aristote insiste souvent, chose importante pour la téléologie, sur l'intelligibilité de l'essence des choses, ce que saint Thomas appuie des raisons les plus solides et les plus profondes. Tout être est conçu d'après un plan, l'idée divine. D'un autre côté, Dieu a doué l'homme d'intelligence ; par conséquent ce qui existe peut être connu par l'homme.

Pour ce qui regarde la création, Dieu (2) n'est pas seulement créateur,. mais conservateur, fin

----

(1) *De Veritate*, q. 3 ; *S. Theol.*, q. 15, art. 2 : « Ipse enim essentiam suam perfecte cognoscit. Unde cognoscit eam secundum omnem modum quo cognoscibilis est. Potest autem cognosci non solum secundum quod in se est, sed secundum quod est participabilis secundum aliquem modum similitudinis a creaturis. Unaquæque autem creatura habet propriam speciem, secundum quod aliquo modo participat divinæ essentiæ similitudinem. Sic igitur in quantum Deus cognoscit suam essentiam ut sic imitabilem a tali creatura, cognoscit eam ut propriam rationem et ideam hujus creaturæ ; et similiter de aliis. Et sic patet quod Deus intelligit plures rationes proprias plurium rerum, quæ sunt plures ideæ. »

(2) *S. Theol.*, 1 p. q. 2, art. 3 ; — *C. Gent.*, liv. I, c. 13 ; — *S. Theol.*, 1 p. q. 44, 103 ; — *C. Gent.*, l. II ; — *S. Theol.*, 1 p. q. 104.

suprême et transcendante, souverain gouverneur du monde. Il conduit toute chose, par sa Providence, à sa fin. « *Ulterius autem*, dit saint Thomas (1), *totum universum cum singulis suis partibus ordinatur in Deum sicut in finem ; in quantum in eis per quamdam imitationem divina bonitas repræsentatur ad gloriam Dei. Quamvis creaturæ rationales speciali quodam modo supra hoc habeant finem Deum, quem attingere possunt sua operatione cognoscendo et amando. Et sic patet quod divina bonitas est finis omnium corporalium.* » Mais la manière de conduire les créatures à leur fin, le saint docteur nous l'enseigne dans son traité, *Du Gouvernement des choses*, I, p. p. 103 et seq., et dans la *Somme contre les Gentils*, lib. III, c. 1. Quant à la question spéciale de la Providence à l'égard des êtres irrationnels, nous la trouvons expliquée à propos de la preuve physico-téléologique de l'existence de Dieu (2). « La cinquième preuve, dit-il, est

(1) *S. Theol.*, q. 65, art. 2 : « L'univers entier et chacune de leurs parties sont ordonnées à Dieu comme à leur fin, car ils représentent par imitation la bonté divine. C'est pour sa plus grande gloire. Mais les créatures rationnelles ont un mode supérieur d'aller à Dieu, leur fin. Ils l'atteignent par leur opération propre, la connaissance et l'amour. Ainsi il est évident que la bonté divine est fin de tous les êtres corporels. — Voir *S. Theol.*, I p. q. 1 et seq. ; — *C. Gent.*, l. III, c. 1 et seq.

(2) *S. Theol.*, I p. q. 2, art. 3 : « Quinta via sumitur ex gubernatione rerum. Videmus enim, quod aliqua quæ cognitione carent, scilicet corpora naturalia, operantur propter finem. Quod apparet ex hoc quod semper aut frequentius eodem modo operantur, ut consequantur id quod est optimum. Unde patet quod non a casu, sed ex intentione per-

tirée du gouvernement de l'univers. L'expérience
nous montre tous les jours que les êtres privés de
raison, c'est-à-dire les corps animés et inanimés,
agissent pour une fin. Comment cela ? Parce que
toujours ou la plupart du temps, ils opèrent de la
même manière pour acquérir le meilleur. Ce n'est
donc pas selon le caprice du hasard, mais en vertu
d'une intention, qu'ils parviennent à leur fin. Mais
étant dépourvus d'intelligence, ils ne peuvent
tendre à une fin, sinon dirigés par un être intelligent, par exemple la flèche et l'archer. Il y a donc
une intelligence qui ordonne tout à une fin. C'est
Dieu. »

Il faudrait mentionner encore ce qui a trait à
l'instinct (1) des animaux. Saint Thomas en parle
De veritate, q. 22, art. 4, en s'appuyant sur Aristote.
Il le ramène à la cause première. Les êtres irrationnels ont un but déterminé ; c'est le fait. Mais
la connaissance du but, la disposition des moyens,
nécessite une cause intelligente. Elle n'est pas dans
ces êtres, par conséquent on doit la chercher

---

veniunt ad finem. Ea autem quæ non habent cognitionem,
non tendunt in finem, nisi directa ab aliquo cognoscente et
intelligente sicut sagitta a sagittante. Ergo est aliquid intel-
ligens, a quo omnes res naturales ordinantur ad finem et hoc
dicimus Deum. » — Voir aussi *S. Theol.*, Iᵃ IIᵃᵉ, q. I, art, 2 ;
C. Gent., l. III, c. 24.

(1) L'auteur met ici en note une explication étymologique
et philosophique de deux mots allemands qui servent à
exprimer la cause finale, « Zielstrebigkeit » et « Zweckstre-
bigkeit ». Nous avons jugé à propos de l'omettre, cela
n'étant d'aucune utilité pour le lecteur français. ((NOTE DU
TRADUCTEUR).

au-dessus d'eux. C'est Dieu. Cette doctrine est concrétisée par l'exemple de la flèche à qui l'archer imprime la direction. Cela suffit pour établir ce que nous avons avancé. Saint Thomas a donné une poussée à l'enseignement du Stagirite. Il ne l'a pas copié servilement, pas plus qu'Albert le Grand. Que ceux donc qui, remplis d'une ardeur que nous ne pouvons que louer, veulent l'approfondir, ne s'attardent cependant pas chez lui ; mais qu'ils aillent à son Commentateur, à celui qui l'explique et le complète.

CONCLUSION

———

Nous voici au terme de notre tâche. Sans témérité, nous croyons pouvoir affirmer l'avoir remplie. Cet exposé est de nature à montrer quelle importance Aristote lui-même attachait à la doctrine de la cause finale. Elle nous mène au point culminant de la philosophie chez un peuple qui, plus qu'aucun autre de l'antiquité, était doué de l'esprit spéculatif. Mais elle n'a pas seulement pour nous une valeur historique, elle est aussi d'une grande actualité. Ce n'est pas un enseignement pétrifié, une sorte de fossile retiré des terrains primitifs ou tertiaires de l'histoire, mais un germe capable de produire la vie. Son développement deviendra un élément de salut pour la philosophie naturelle actuelle. Nous parlons surtout de ses principes, car plusieurs de ses conclusions, nous ne l'ignorons pas, ont été corrigées par les découvertes modernes. Nous avons une forte conviction de la profondeur de ses principes et de la hauteur de sa conception idéale de la finalité.

Comme nous l'avons dit dans notre introduction, le grand adversaire du téléologisme est le mécanisme moderne, qui n'admet que matière et mou-

vement et rejette la finalité. La vie organique elle-
même n'est que le résultat d'une évolution purement
mécaniste. Ce sont les théories de la descendance
de Darwin qui en sont les bases. — E. Du Bois-
Reymond, dans son discours intitulé *Les Sept
Enigmes*, lui oppose sept difficultés, parmi les
quelles il y en a d'insolubles, par exemple la
nature de la matière et de la force, l'origine du
mouvement de la conscience et du libre arbitre (du
moins à certains points de vue). D'autres, au contraire, peuvent être résolues, ainsi la finalité (1).
« Cette quatrième difficulté est prise de la nature,
qui semble agir pour une fin. Les lois qui président à la formation de l'organisme ne peuvent pas
avoir un ordre à la fin, si la matière n'a pas été
primitivement créée pour la fin. Or, ces lois ne
sont pas conciliables avec les explications mécanistes. Celle-ci n'est cependant pas nécessairement
insoluble ; Darwin voit une explication possible de
cette difficulté dans la théorie de la sélection naturelle, et, de fait, il explique ce processus du monde
organique par une suite nécessaire de circonstances
fortuites (2). »

Hœckel, darwiniste ardent, dans un travail intitulé : *Die Naturanschauung von Darwin, Gœthe*

---

(1) Nous avons été obligé de traduire de nouveau Du Bois-
Reymond en français, car nous n'avions pas à notre disposition l'original.

(2) Du Bois-Reymond traite de la théorie mécanique de
l'univers dans son discours : « Des limites de la connaissance de la nature. » Voir aussi Dr Zittel, « Über Arbeit und
Fortschritt im Weltall ».

und Lamark (1), nous avertit que la doctrine de la sélection dans la lutte pour l'existence n'est pas une quantité négligeable ; elle nous donne une réponse satisfaisante « du grand problème du devenir des formes sans le secours d'une cause finale (!), de la construction d'une maison sans plan et sans architecture (*sic !*). Il y a cent ans, notre grand critique Kant le croyait insoluble (2). Nous avons noté, au cours de notre étude, les prétentions des mécanistes. On peut y recourir, ainsi qu'aux ouvrages suivants (3) : *Das Buch der Natur*, du Dr Lorinser ; — *Die Herschaft der Zweckmæssigkeit in der Natur*, de Berthold ; — *Die Weltræthsel,* du P. Pesch ; — *Die Logischen*

---

(1) « La contemplation de l'univers selon Darwin, Gœthe et Lamark », tenue au 55° congrès de physique à Eisenach, 1882.

(2) Le darwinisme reconnaît au moins la finalité du monde organique comme fait. C'est une concession importante et contre le subjectivisme de Kant et contre le pessimisme de la dystéléologie. Le philosophe de Kœnigsberg, cependant, est plus respectueux que d'autres à l'égard du téléologisme. Nous trouvons dans sa *Critique du Jugement* (p. 265) ces paroles : « Là où la doctrine mécanique défaille dans l'explication de l'enchaînement des êtres et de leur but, il doit y avoir d'autres lois directrices de ces phénomènes. » Conséquent avec lui-meme, il enseigne que le but est bien une loi pour nous, mais nous ignorons sa réalité objective. — Le pessimisme, lui, s'attache à la négation de la finalité.—Pour la réfutation, voir Pesch, « Die Welträtsel. »

(3) « Le livre de la nature », par Lorinser ; — « La souveraineté de la cause finale dans la nature », par Berthold ; — « Le problème cosmologique », du P. Pesch ; — « Les recherches logiques », de Trendeleburg » ; — « Des limites de l'explication mécaniste de la nature, réfutation du matérialisme », du baron de Hertling, etc.

Untersuchungen, du Dr A. Trendeleburg ; — *Über die Grenzen der meckanischen Naturerklärung zur Widerlegung der materialischen Weltansicht*, du baron de Hertling. — Voir aussi les articles parus dans les revues : *Natur und Offenbarung* ; *Stimmem aus Maria Laach*, etc. Ils défendent la finalité contre le darwinisme et démontrent la valeur des principes du Philosophe dans la philosophie naturelle actuelle (1).

Aristote vivrait-il à notre époque, il défendrait encore plus énergiquement son système, à cause de l'appoint considérable que lui apporterait les expériences modernes, qui lui firent jadis défaut. Il se plaindrait sans doute aussi de la résurrection des Empédocle et des Démocrite. Le grand penseur grec dit que les philosophes ioniens parlaient de la nature en bégayant, semblables à des enfants qui hésitent pour exprimer leurs idées. Ceux de la période antésocratique s'attirent le reproche d'ignorance de la cause finale. Anaxagore lui-même n'échappa pas complètement à cette critique. Il a bien reconnu un intellect qui gouverne le monde, mais n'a pas su en tirer parti. Il marchait à tâtons. Aujourd'hui la science se renouvelle ? On retourne à l'explication mécanique ou, si l'on préfère, au matérialisme, et c'est là ce que l'on décore du nom pompeux de « Progrès du dix-neuvième siècle ! »

(1) Voir aussi l'ouvrage cité de Kappes, *ad finem* ; Wundt, *Logika* ; Barthélemy de Saint-Hilaire, etc. Leurs jugements sont très favorables à la théorie du mouvement et de la finalité.

Non ; revenons à Aristote, et nous pourrons avec fruit combattre le matérialisme moderne. Les confusions et les erreurs qui se heurtent dans notre philosophie proviennent de l'oubli de ses principes (1).

Aristote ne s'est pas attardé à la cause finale prochaine, mais il est allé jusqu'à la fin suprême. Il a couronné sa philosophie par une étude sur Dieu, l'Esprit pur. C'est par un regard jeté sur cet Esprit que nous aussi nous mettrons fin à nos considérations.

Le monisme fait appel aux doctrines mécanistes en faveur de son athéisme, mais à tort. Le mécanisme pur n'est pas athée. S'il admet matière et cause motrice, la question s'élève de suite : D'où vient la matière, d'où la force, et la réponse nous conduit au Dieu créateur.

Si nous recourons au mouvement, la question similaire reparaît : D'où le mouvement ? C'est l'une des énigmes insolubles de Du Bois-Reymond. Pour Dieu, la doctrine du Dieu premier moteur seule est satisfaisante. Dans une étude spéciale sur le mouvement d'après Aristote et saint Thomas, *Bewegungsbeweis*, déjà mentionnée plus haut, nous

(1) C'est parler sans connaissance de cause que de dire avec le Dr Riehl, dans son discours : *Uber Wissenchaftliche Philosophie und nichtwissenschaftliche Philosophie*, que la finalité doit être éliminée en tant que principe de la philosophie de la nature, et maintenue dans la morale. Aristote, il est vrai, insiste sur la fin de la morale, mais encore n'a-t-il qu'une vue d'ensemble sur l'univers, par conséquent une seule téléologie.

avons mis en lumière cette idée que si les sciences
actuelles insistent tant sur la preuve mouvement,
à fortiori doit-elle être d'une importance capitale
dans le système aristotélico-thomiste. La même
pensée ressort des écrits publiés depuis par Schneider : *Die natürliche Gotteserkenntniss*, et de Haffner :
Das Ignoramus und Ignorabimus der Naturforschung.

La seule admission de matière et mouvement
nécessite l'admission d'un être absolu, l'Esprit
absolu. Mais ce n'est pas l'unique voie pour arriver
à la connaissance de Dieu. La question du mouvement appelle celle-ci : Quelle est la cause
motrice ? et encore cette autre : Quel est le but du
mouvement ? Nous voyons toutes les activités dans
la nature tendre à une fin, nous en concluons
nécessairement que toutes sont ordonnées. Dès
lors, n'est-il pas naturel de nous demander : Quel
en est l'auteur ? L'architecte de cet ordre, quel
est-il ? Nous aboutissons ainsi à la preuve physico-
téléologique de l'existence de Dieu, couronnement
de la thèse du mouvement (1). La disposition des
moyens présuppose un plan, une idée. Qui donc
l'a conçu ? Ce ne peut être les êtres sans raison,
corps inanimés, plantes, animaux. Si nous ne vou-

(1) Au sujet de cette conclusion d'Aristote et de saint
Thomas, voyez dans la « Théodicée » de Gutberlet la preuve
téléologique, mise en lumière par les résultats de la science
moderne et défendue contre l'exposition panthéistique de
l'ordre de l'univers. Voir aussi son traité, *Naturphilosophie*, p. 119 et seq. Il met en évidence l'impossibilité de
ramener la finalité chez les animaux à un principe spirituel
qui leur serait immanent, à une intelligence qui leur serait
personnelle.

lons pas recourir aux absurdités panthéistiques,
c'est-à-dire si nous ne voulons pas accepter une
âme universelle dans l'univers, ou identifier, avec
les néo-panthéistes, intelligence et être et admettre
l'immanence de cette intelligence, il ne nous reste
d'autres moyens de solution que de concevoir un
Esprit transcendant, créateur, conservateur et providence de l'univers (1). Aussi l'argument de saint
Thomas conserve-t-il de nos jours toute son autorité. Les découvertes modernes ne font que révéler
davantage la sagesse du créateur jusque dans le
monde des infiniment petits. Trendeleburg nous
dit (2), heureux de sa trouvaille, que notre connaissance a son couronnement dans l'amour de Dieu.
Et comment y sommes-nous conduits, sinon par
l'intelligence de l'harmonie que révèle les grandes
œuvres de la création ? Ce sont les apparitions de la
finalité.

Quelle conception sublime et supérieure au matérialisme moderne, qui, lui, n'aperçoit en tout
qu'un hasard aveugle et sans raison ! Le P. Secchi,
le grand astronome de notre temps, réfute ces
théories matérialistes. Tout partisan qu'il soit, à

_____

(1) Le matérialisme moderne, le monisme athéiste cher-
chent à faire accepter leur doctrine par le panthéisme.
Hæckel nous dit, en effet, dans son ouvrage précité : « La
contemplation de l'univers selon Darwin, Gœthe et Lamark » :
De ce que les trois profonds philosophes (Darwin, Gœthe,
Lamark) ont eu sans cesse en vue l'unité des phénomènes de
la nature, leur doctrine s'est élargie et a formé une conception panthéistique grandiose. C'est notre conception moniste
actuelle de la nature.

(2) Loc. cit., p. 43.

certain point de vue, du système mécaniste, comme nous le pouvons constater dans son ouvrage, « De l'unité des forces physiques », il n'exclut pas la cause finale, surtout dans le monde organique. Elle complète sa doctrine. Il a en horreur les extravagances des monistes ; il combat avec force les hypothèses du hasard et se prononce pour un Esprit créateur et organisateur de l'univers. « La science, s'écrie-t-il dans son discours sur « Les merveilles de la Création », aura raison de la fausseté de la théorie puérile d'Epicure, de l'union accidentelle des atomes. Elle montrera que, depuis l'immensité du monde stellaire jusqu'aux plus petites molécules des corps, tout est régi par des lois géométriquement déterminées en nombre, poids et mesure. C'est l'Intelligence créatrice qui a tout prévu et tout disposé avec ordre » (p. 45).

A propos du monde organisé, il ajoute : « Qui parle d'organisme parle aussi de finalité. Or, la finalité ne peut être le produit de la matière. C'est l'œuvre d'une intelligence, d'un esprit, de l'Esprit suprême et transcendant, de Dieu » (p. 39).

Les partisans du darwinisme ont beau faire. Ils sont acculés, obligés d'accepter la finalité et de la ramener à une cause intelligente première. Ce que démontre fort bien Diebolder dans son livre, *Darwins Grundprincip der Abstammungslehre.....* etc. (1) ». Comme lui, Weissmann (2) déclare que

(1) Diebolder, « Les principes de la descendance, de Darwin, etc. ». 2ᵉ édit., Fribourg-en-Brisgau, Herder, 1891.

(2) Weissmann, « Studien zur Descendenztheorie », Leipzig, 1876.

« le hasard ou l'aveugle fatalité sont impuissants à expliquer l'harmonie de l'univers, surtout du monde organique. De toute nécessité, il faut poser un premier principe téléologique en dehors du pur mécanisme... Nous pouvons étudier, comme mécaniste, la nature organique ; mais, de là, sommes-nous en droit de conclure à la négation d'une cause suprême du monde ? Certes non. L'observation des faits nous conduira à cette conviction que la tendance à une fin présuppose un mécanicien qui a combiné les forces de la nature, afin d'en faire sortir un monde conforme aux lois de la raison. » Accepter ce grand architecte est un véritable progrès pour la science.

Enfin, faisant nôtre la conclusion de Diebolder, comme lui « ne soyons pas surpris de voir, depuis une dizaine d'années, passer des transformistes à l'école du téléologisme et combattre le mécanisme pur. Oui, nous pouvons affirmer que les principaux d'entre eux se rangent de ce côté. Le temps n'est plus où l'on taxait d'insensé l'espoir d'un retour de la science moderne à l'enseignement chrétien. Nous pouvons déjà compter ses aveux et ses concessions, et nous entendons déjà prononcer le mot de « téléologie mécanique ». Petit à petit, on se rallie au sentiment qu'exprimait ci-dessus Weissmann, et l'on reconnaît que l'admission d'un principe spirituel dans la science, loin de lui nuire, devient sa force. Ceux là seuls le nient qui sont éblouis par les rayons lumineux de la saine raison.

D'autres aveux, espérons-le, viendront se joindre à ceux-ci, et les hommes de science seront bientôt convaincus que les résultats de la science ne peuvent rien contre le christianisme (1). Jamais il ne sera faux et il n'y aura honte de dire : « Je crois en Dieu le Père, Créateur tout puissant du ciel et de la terre. »

(1) Voyez la conclusion du remarquable ouvrage : *Die Urwelt der Schweiz*, du docteur Oswald Heer. On regarderait comme un insensé, dit-il, celui qui oserait prétendre que, dans les symphonies de Beethoven, le groupement des notes est l'effet d'un hasard inconscient et inintelligent. Eh bien ! ceux-là ne le sont pas moins qui font de la création, œuvre bien plus harmonieuse et ordonnée, le jouet d'un semblable hasard. Plus nous pénétrons profondément la connaissance de la nature, plus aussi s'affermit notre conviction à la croyance en un créateur infiniment sage et puissant, et qui a fait le ciel et la terre d'après un plan préconçu de toute éternité. C'est la seule solution rationnelle du problème de la nature et de la vie humaine. Ce n'est pas seulement du cœur de l'homme que Dieu se manifeste, mais de la nature entière ; et ce n'est qu'en nous plaçant à ce point de vue que nous verrons le merveilleux développement de notre globe, des plantes et des animaux dans leur jour véritable, et que nous saurons leur utilité réelle.

TABLE DES MATIÈRES

Nancy. — Imprimerie A. CRÉPIN-LEBLOND, 21, rue Saint-Dizier.

16 avril 19

121   25   2

Superiorum facultate.

www.ingramcontent.com/pod-product-compliance
Lightning Source LLC
Chambersburg PA
CBHW072102080426
42733CB00010B/2190